我，
和我以外的。

ROLAND

Madrid,Spain

Madrid,Spain

Beijing,China

Beijing,China
The Great Wall of China

Ulaanbaatar,Mongolia

Dubai,United Arab Emirates

Dubai,United Arab Emirates

前言

現在拿著這本書的你，是個怎麼樣的人呢？

我想，應該是我為數不多——全世界僅有十億人左右的粉絲之一吧。

不，或許其中也有人是皺著眉頭想「一個男公關還敢囂張地寫書！」於是打算看看我有幾兩重，才拿起這本書的。

無論如何，我先自我介紹。

我的名字是ROLAND。

現在，我以經營歌舞伎町的男公關俱樂部為主業，作為企業家進行活動。

我曾以足球選手為目標奉獻我所有的青春，卻沒能實現夢想，因而早早從我好不容易考上的大學休學。

後來，我進入少年時期曾在電視上看過，不知為何遲遲無法忘懷、始終占據我腦中一隅的男公關世界。

我在心中發誓，既然要做，就要成為人稱帝王的傳說級男公關。

雖然我也經歷過長時間居於人下的時期，不過最近（自己說好像有點怪就是了，笑）我以實力超群的現任男公關帝王身分，頻繁曝光於電視節目或雜誌等媒體上。

總之，我的簡歷就到此為止吧。

而這次，為什麼我決定要寫書呢？

應該是始於數年前吧。

我在媒體上公開的言論，開始以「ROLAND名言」之名在社會上引發話題。

只要電視節目播放完畢，一定會有人問我：

「之前在電視上說的那句話，是因什麼緣由而產生的呢？」

「請讓我聽聽隱藏在名言中的深刻含意。」

「你是認真說出那些話的嗎？還是只是在營造形象？」

就像這樣，我總會被問到我所說的每一句話背後的真正含意為何。

對我來說，話語就彷彿是我的作品。

一旦將話語轉化為文字，只要一個標點符號不同，對方的理解方式或印象便會完全改變。

光是運用譬喻或措辭的巧思，就連零散的一句話也會變得饒富趣味。

一句話就能改變人生，使人們的心情變得開朗或是煩悶。

這簡直就是個深奧的藝術世界。

我竟然要親自去解說我自豪為「藝術品」的個人名言，這實在太難看了，我一點也不想做。

這就跟電影或是小說一樣，理解的方式因人而異也無所謂。

去左思右想ROLAND在這些話語中所隱藏的含意，不是很有趣嗎？

我雖然是這麼想的，然而，無論如何都想聽其中含意的呼聲實在太多了。

此時，正好有人問我要不要出書。

因此，我打算試著以回答大家疑問的形式來統整我的言論，便拿起了筆……不對，是開始打起了鍵盤。

本書的撰寫形式，是由編輯部的工作人員們選出名言後再由我來解說。
所謂男公關的工作性質，經常要十分克制、嚴謹地去面對言論。
收集詞彙可說是我的生存價值，我每天都在追求新的詞彙表現。
我曾在駕駛途中因腦海裡突然浮現出話語，便不假思索地停下車，記錄在便條紙上。
這次，我也是趁著工作空檔來記錄下這些話語。
如果可藉由這本充滿ROLAND之愛與想法的「作品」——也就是名言集讓各位湧現出度過明天的活力或是感到怦然心動、笑出聲來，那便是我的榮幸。

ROLAND

ROLAND　我，和我以外的。　目錄

ROLAND的誕生

我永遠都會記得要超越昨天的自己，而基本上，我不會回顧過去。

不過，了解我的人生軌跡後，應該就能更加深刻地理解並接受我的「名言」吧。

因此，我打算說個小故事，快速地回顧我的半輩子。

一九九二年七月二十七日，我出生於東京，有一位雙胞胎妹妹以及弟弟。

我自己是完全沒感覺啦，但從小我就一直被旁人說是個奇怪的孩子。明明到哪都找不到像我這麼正常的人了！（笑）

我的父親是音樂人，有不少機會和知名藝人一起工作，孩童時代的我，記得當中有個人每次見到我都會說：「你將來一定會成為一位了不起的人。」

對我來說不可或缺的足球，是我幼稚園時期便開始接觸的。

接著，我上了小學。在此，我就說個小學時代發生的小故事。由於我的嘴巴很挑剔（不對，應該只是單純挑食），總是無法吃完午餐。

看不下去的班導師便打電話到家裡。於是乎，當天湊巧不用工作而待在家裡的父親接起了電話。

「您的兒子好像很挑食，每天的午餐幾乎都會剩下來呢……」

面對這樣開口的班導師，父親是如此回答的——

「很挑食？會說自己什麼都喜歡、怎樣都可以的人，他們所說的喜歡到底有什麼價值可言？我都教育我的孩子，不要成為無法確實說出自己討厭什麼的男人。」

父親說完便掛上電話。父親比誰都還要固執，也很忠於自己的哲學，即便對方是自己兒子的班導師，也絕對不會妥協自己的主張。

想必當時的班導師，一定認為我們是一對難纏的父子吧。

在小學低年級時代，還發生了一件很有我個人風格的故事。

當時學校正流行卡牌遊戲，大家會將收集到的卡牌湊在一起，玩得不亦樂乎。

然而，讓卡牌遊戲流行起來的人並不是我。

所謂的流行，是要由我來散播的。

從小學起便這麼想的我，絕對不會參與卡牌遊戲。

當大家熱衷於卡牌遊戲時，我正在家裡看影片，受《教父》的薰陶。

後來，我也深受《鐵達尼號》影響。

為了尋找被拋在船內的傑克（李奧納多・狄卡皮歐）而留在船上，最後晚一步逃走的蘿絲（凱特・溫斯蕾）。兩人重逢後，傑克為了保護蘿絲而死。小時候的我，憧憬著這般賭上性命的戀愛（真是驚人地早熟）。

我的蘿絲會在哪裡呢？我這麼想著，望向同班同學，然而，同年齡的女孩子們卻不曾使我心動。

……就算賭上性命也想要守護她。能夠讓我如此熱情的女性，當然不存在於小學的校園生活中。哎呀，不過說實話，我現在也還沒遇到這樣的女性啦。

升上國中後，我進入隸屬於日本職業足球聯盟傘下的足球隊伍。

也是在這個時候，我認真地打算以足球作為進軍世界的目標。

然而，每個人都是在父母的影響之下長大成人的，我也不例外，在成長過程中深受父親的影響。

那應該是國中二年級的時候吧。父親說「現在就到酒吧來」，把我叫出去。

接著，父親問坐在吧檯上喝著果汁的我說：

「你認為生為男人的幸福是什麼？」

當時我才十四、十五歲，怎麼可能會知道這種事。

「嗯……是開好車嗎？」

還記得我曾說出這種老套的回答。

「不對，是被所愛的女性給耍得團團轉。」

父親斬釘截鐵地回答。

他說，珍惜自己所愛的女性、使她快樂，就是男人的幸福。

的確，平時父親對母親的言行舉止都非常紳士。

全家人出遊時，我從沒看過母親自己去轉門把，無論什麼時候，絕對是父親先去開門，讓母親通過。那是理所當然的光景。

父親總是秉持著女士優先，而我，是看著父親這樣的背影長大的。

不過仔細想想，要實現女性的任性，沒有時間、經濟上的寬裕是做不到的。

換句話說，若非事業成功的少數男人，也無法被所愛女性的任性給耍得團團轉。

長大成人的我，將父親想傳達給我的這句話解釋成「你也要成為事業成功，在經濟與時間方面都有餘裕的男人」。

高中時，我以特殊待遇生的身分進入全國高中足球選手權賽的常勝學校——帝京高中就讀，同時住校，每天沉浸在足球之中。

因為我是體育班的，授課會擺在第二順位。比起回答正確答案，大家會選擇說些有趣的事情、使人發笑來博得好評，每天就像機智問答一樣，現在想來，還真是特別的授課風氣。

即使不擅長念書，腦袋卻轉得很快，能一下子就說出機靈的話。體育班有很多這種學生，這也是帝京高中會培育出這麼多藝人的原因（笑）。

我的話術，或許是在高中時代磨練出來的。

而悲慘的是，體育班沒有女生，我幾乎沒有跟女性接觸的機會。

「『女生』是真實存在的嗎？」

「女生是不是像天馬一般的虛構生物？」

我曾經是這種感覺。

我的目標，是全國選手權大賽的優勝。我僅以此為目標，一年三百六十五天，大概有三百七十天都在練習。

然而，這份努力也是枉然。二〇一〇年十月十三日，在全國選手權大賽預賽的決賽中敗北，我退出了足球部。

我當時腦子一片空白，失魂落魄。

強烈的空虛感襲來，促使我一個人外出旅行或只是一個勁兒地發呆，尋找新的自己。

在這段過程中，我聽從老師與雙親的勸告，決定進入好不容易推薦上的大學就讀，卻舊態依然，心情抑鬱不已。

在終於迎來大學入學典禮的那一天，我深切感受到這裡並不是我的棲身之所。

這時我了解到，我無法度過別人決定好的人生。

我想要自己創造自己的人生。

在結束開學典禮後的歸途中，我突然想去附近的公園看看。

那是我小時候經常去踢足球的公園，也是知名的賞櫻景點，在櫻花盛開的季節，來賞櫻的人們熱鬧非凡。其實這個時候，我的想法幾乎已經定案了。我想透過一直以來都占據我腦中一隅的男公關工作改變人生。但是，如果我說出這種異想天開的話，會發生什麼事呢？

我坐在台階上思考，恍惚地看著散落的櫻花。

櫻花的花瓣，正在我眼前飄落。

看著這個景象，我想到了。

櫻花是在最美麗之時散落，而人們會聚集起來觀賞櫻花這一瞬間的美。全日本的人，都期待著櫻花盛開的時候。

我也想要成為被人們昂首期盼，就像讓櫻花盛開一般的人。

我想要華麗地活著。

我想要使人喜悅，然後在最美麗的時期驟然飄落。

幾天後，我不顧周遭的強烈反對，從大學休學了，並決定成為一位男公關。我站在新宿ＡＬＴＡ前，直接進入第一間向我搭話的店家任職。

第一年我完全沒有業績，也有一天只能吃一個便利商店麵包果腹的時期。由於肚子實在太餓，我甚至曾看著潔牙粉與造型用的髮膠，心想「這個是不是也能吃呢」。我也曾讓指名我的客人，坐在愛用的女用自行車後座同行過。

不過，唯有自信是我一直常保在心的，因為，這就是我啊。

「我要改變男公關業界」、「我要創造傳說」。

在經過一番辛苦後，我的指名逐漸增加，業績也一點一滴上升，成為店裡的頭牌。

從那時開始，我的前景走上坡了。

我創造了半年左右就達成一千萬日圓業績的紀錄，屢次刷新當時歌舞伎町最年輕男公關的紀錄。

接著，我在二十歲時收購這間店面，成為經營者。

二〇一三年一月，我以白色西裝的姿態凱旋而歸老家的成人式。

我還得意地跟我同年級的朋友們說「因為我是社長啊。」（如果可以給當時的我一些勸告，真想告誡自己說「你稍微考慮一下大家的心情會比較好吧。」）

沒有任何知識，只單靠氣勢經營的這間店當然很快就倒閉，我被新的經營者給趕出店外。

在這樣的失意中，我以現役男公關的身分，用史上最高額的轉會費（註：在契約期間變更所屬團體後，由新所屬方支付給原所屬方的費用）轉到了別間店。

二〇一四年，我在新的店鋪內禁止所有的賒款（意指客人向店鋪借錢，以店內男公關的名義代墊），因為我自己有過被欠款三百萬日圓的慘痛經驗。在禁止賒款後，我的業績曾一度掉到第六名，不過我轉念一想，「這也是我的實力，就從頭開始努力吧」。結果我馬上回歸第一名，確立了不賒款的營業風格。

而在這個時間點，我為了更加妥善地接待客人，決定用不含酒精的飲品來接客。這對我來說，也是個相當大的轉機。

二〇一五年左右開始，電視節目介紹我是歌舞伎町第一的男公關，我在媒體上曝光的機會也變多了。

二〇一七年，我就任所屬店鋪的取締役。

二〇一八年七月，我的生日活動單月業績突破六千萬日圓，締造了集團內的個人最高業績紀錄。

我開始自負為名實相符的歌舞伎町第一男公關。

十月，我隸屬於自己設立的個人事務所SCHWARZ，同時擔任ROLANDALE股份公司會長與SCHWARZ股份有限公司、THE CUBE代表取締役社長的職務。

十二月底，我從現役男公關引退，獨立創業，邁向下一個舞台。

哎呀，雖然很短暫，我的人生大概就是這種感覺。

ROLAND 的
名言

哲

THE
APHORISM OF
ROLAND
"PHILOSOPHY"

學

我是為了什麼而誕生的呢？
是為了被人需要、受世人矚目、讓世人狂熱。

我經常被人說有很強烈的堅持。
的確，我也認為自己是個很堅持的人。
我遵守自己制定的法律就跟遵守社會的法律一樣，不、是更加遵守才對。
我就是如此忠於自己的哲學而活。
這也算是我自己內心的規則吧？也是我生存的指標。
對我來說，沒有自己的哲學，就如同活在沒有法律的無秩序世界。
困擾的時候、痛苦的時候，甚至快樂的時候也是。
為了無論何時都不迷惘，我很珍惜這些擁有個人風格的哲學。
哲學沒有所謂的正確與不正確。

就連現在這麼想的我，在數年前的想法也是完全不同的。
也就是一般所說的，「相當自我中心且個性尖銳」的時期。
我曾因為眾人跟我的想法不同而感到煩躁不已。
「為什麼不以日本第一的店為目標？」
「為什麼在這種隨意寬鬆的狀況下還做得下去？」
「給我努力到極限為止啊！」
在剛進入業界時，我將這種想法強壓在周遭的人身上，產生了衝突。
可能是因為，過去的我時常以頂點作為目標在練習足球吧。

「既然要做，就要以第一為目標。」
那曾是我的生存方式。
我只知道這種生存方式。
我華麗地定下目標，最終卻沒能沐浴在大眾的歡呼聲中。
不過，我要在我現在所處的世界裡成為絕對的巨星！我有這種強烈的念頭。

然而，並非所有人都是ROLAND。
既有想成為卻做不到的人，也有根本不想變成我的人。
更有想用自己的步調悠閒前進的人。
那時我並沒有察覺到這麼簡單的事情。

當然，我對工作的熱情是毫不退讓的。
我也不會妥協。
不過，我自己設定了可以讓步的平衡點。
如此一來，我自己與他人都可以過得比較輕鬆。
這是我後來才察覺到的事。

在那之後，即便要表達自己的想法，我也絕對不會強硬地要求他人。
這個世界上，有人像我這般自戀，以自我中心的生活為美德，甚至已經到了傲慢的程度，也有人認為不自我主張的高雅才是美學。
每個人有各自的想法也沒關係。

只要珍惜自己的哲學，並珍惜自己就好。

THE APHORISM OF

ROLAND

1 "PHILOSOPHY"

「這個世界上只有兩種男人，
我，和我以外的。」

這句話可以說是ROLAND最有名的名言。

※註譯是由日本編輯部的人所寫（之後亦同）。

我從年少時期開始就覺得自己是一個特別的人，我並不歸屬於何處，也打從心底不想歸屬於何處，我就是這樣的孩子。

還記得，我甚至連要分班都感到抗拒。

因此，這句話是我從年少時期開始就經常說的話。

這所學校只有兩種學生，我，和我以外的（笑）。

被歸類為「某某系」或是「某某類型」的人而活，我才不要這樣。

在我長大成人後，我注意到一件事。

想完成有歷史性的某件事情，就必然需要有某種程度的利己主義，並且要相信自己是特別的存在。

本來，要以特別的存在自居，理所當然就必須付諸努力，以及有發想的獨創性與勇氣。

以「我以外」的身分活著，應該會輕鬆好幾倍吧。

和周遭的人們一樣也無妨。成為被分類的其中一人也無所謂，或許安於現狀很輕鬆也不一定。

不過，無論再怎麼輕鬆和舒適，**我也不想踏上「我以外」的人生。**

縱使累人、辛苦、要做出怎麼樣的犧牲，我都想當獨一無二的「我」。

我想成為連自己的分身也束手無策，獨一無二的「我」。

今後，我應該也會繼續這麼說吧。

這個世界上只有兩種男人，

我，和我以外的。

THE APHORISM OF
ROLAND
2 "PHILOSOPHY"

「嫉妒或是眼紅，就如同好男人的裝飾品對吧？」

被問到常遭人嫉妒一事的回應。

我的工作性質是靠人氣來維持的，因此，我有相當多的粉絲。
人數恐怕有十億人左右，不過，這也不是說真的很多啦……
我很珍惜這為數不多（！）的寶貴粉絲。
然而，也因為我從事男公關的工作，經常會使粉絲感到嫉妒。

此外，有眾多人們眼紅ROLAND這超群的存在也是事實。
不過，我認為這種嫉妒或眼紅，就像是好男人的裝飾品一般。
好男人才有被嫉妒、被眼紅的價值。

我幾乎不會配戴飾品，也不戴誇張的戒指或項鍊。
或許我的想法有點老派，但我認為「男人需要戴的裝飾品就只有簡單的機械錶而已」。

寶石的確很美麗。
只是，如果沒有光采，便與石頭別無兩樣。

我，可以靠自己閃爍光輝。

因為，我可是巨星啊。

這些是玩笑話（半認真）啦，總而言之，我不佩戴飾品。

有些人看到我這樣，會問我：「為什麼不佩戴飾品呢？」

對於那些人們，我如此回答。

「女人的嫉妒與男人的眼紅，就是我的裝飾品」。

有不少人會因為招人嫉妒或怨恨而煩惱，不過這種事情無需特別在意吧？

不被嫉妒的人生，就會過得比較不辛苦嗎？

這個世界上只有兩種男人，

我，和我以外的。

「世の中には二種類の男しかいない。
俺か、俺以外か」

《ROLAND 我，和我以外的。》

即使100個人都認為你做不到，

也要去證明他們
全都是錯誤的。

「もし100人全員に
できないと思われても、
またその全員が間違っていたと
証明してやる」

《ROLAND 我，和我以外的。》

能夠不被他人毀謗是最好的，不過假使聽到有人毀謗自己，也只需想成是裝飾品，坦然地配戴在自己身上即可。

今天，我也會配戴大量的嫉妒與怨恨，英姿颯爽地出門上班。

THE APHORISM OF
ROLAND
3 "PHILOSOPHY"

「嘴上一直說著他人抄襲，就代表才能已經枯竭。只要再創造新的事物不就好了嗎？」

被問到為何被模仿也一副不在意的態度。

有很多人憧憬ROLAND，因而去模仿ROLAND的說詞或外表，也有人想要成為ROLAND，從外地來我的店裡面試。其中，更有人將我在媒體上所說的話當作是自己想出來般地使用。

不過，我不會一直在意這種事情。

被他人模仿，正是他人覺得我有魅力的最佳證明，因為，人不會去模仿自己不想成為的人。

這麼一想，我就覺得備感光榮，而且就算被模仿了，也只要再創造新的事物就好。

會說出「竟敢抄襲我！」就等同於說出「我已經無法創造出比這更好的東西！我的才能已經枯竭了！」

再者，**正因為有假貨，真貨的定義才會首度成立。**

當出現假貨的那一瞬間，你就成為真貨了。

話雖如此，想成為ROLAND這樣也是非常困難的。

這話我先說在前頭。

因為，我可是ROLAND啊！

我可是每天都會研究並更新我的招牌台詞、接客方式和面對媒體的品牌經營方式。

並不是說曾經流行過一次，那個方法就能永遠受到大家喜愛。

總有一天這會變成老哏，必須創造出新鮮的東西。

話語也一樣。

就算曾走紅一次，也不可能總是靠同一句台詞博得人氣。

因此我認為，要經常創造出新的事物！

「啊，大家開始模仿了！」

「這成為普世的標準呢！」

「那麼，就在此時創造新的事物吧！」

就像這樣的感覺。

碎嘴著自己被模仿，就等於在說自己並不想要努力。

無論再怎麼流行，遲早有一天也會被淘汰。
像如今這般以「ROLAND」名義來經營品牌的方法，總有一天也會再度刷新吧。

唯有一點，是不管我再怎麼被模仿，也不想要改變的事物。
那就是金色的長髮。
只有這點，是縱使大家都模仿我，我也絕對不想改變的。

如果我變成黑髮，明天一定會有人在新宿車站前派發這件號外新聞的！（笑）

THE APHORISM OF
ROLAND
4 "PHILOSOPHY"

「即使100個人中有100個人說不行，也有可能是這100人全都錯了不是嗎？」

關於不顧周圍強力反對而成為男公關一事。

此為「多數就是正確」的思考模式。
我認為這種思維很有風險。
多數就是正確的？少數就是錯誤的？
明明也有可能少數所說的事才是正確的。

譬如「你的金錢觀很奇怪」這句話。
在我聽來，**這句話只不過是努力不足者理直氣壯所說出來的話**，因此我相當厭惡。
以全世界的比例來說，有錢人跟沒有錢的人比起來，後者是比較多的。
如果一定要採用多數決，就會是沒有錢的一方勝出。
用多數決的思維認定比較多的一方為正確，因而嘲弄有錢人的金錢觀是「錯誤的」，你不覺得這很奇怪嗎？
冷靜下來思考，有錢人只不過是在花他所賺到的錢而已。

多數並不一定就代表正確。

這是我經常對自己說的話。

我很珍惜自己的價值觀。

在入店工作的第一天，我曾說過「要成為刷新歷史的傳說男公關」。

100個人裡面，有100人說我做不到。

我始終用選擇方的態度在工作，而不是被選擇的那一方。

100個人裡面，有100人說我這樣是錯誤的。

我考上大學後，馬上就休學。

100個人裡面，有100人說我很愚蠢。

那時，我是這麼想的。

我覺得這100人都錯了。

假使全員都反對我所相信的道路，那我只要證明這些人全都是錯誤的就好了。

過了數年後的現在，我認為我已經證明這100個人全都錯了。

無論如何，我對於名為ROLAND的男公關成為史上最出名的現役男公關一事，感到相當自豪。

如此一來，縱使不願，別人也會關注我的事業第二春吧。

我的下一個目標，是在經歷過男公關後的下一步，也能付出同等的努力！我會為下一個業界帶來夢想，使世人感到佩服。

接著，我會以一位男公關業界畢業生的身分，朝還沒有人涉足過的領域邁進。

我不會讓世界上的任何人說出「男公關是沒有未來的工作」。

我將會證明給你看，在付出全力從事男公關的工作後，也會有明朗的未來在等著。

嗯？你說你做不到？

什麼啊，別在意啦。

即使100個人都認為你做不到，

也要去證明他們全都是錯誤的。

THE APHORISM OF
ROLAND
5 "PHILOSOPHY"

「年齡，只能告訴我們活了多久，無法告訴我們是怎麼活的吧？」

面對說著「明明還這麼年輕……」的前輩時。

各位對「年齡」有什麼想法呢？

「明明很年輕，卻那麼厲害」、「年紀輕輕就那麼囂張啊」，這種話我都不知道被說過多少次了。

這是我二十歲的事情。

大家在討論要由誰當店鋪代表時，我成了店代表的候選人之一。當時還有好幾位候選人，不過那時店裡業績最好的人是我，於是我就被選為代表了。

當時，曾經有位前輩對著我說：「你太年輕了，絕對無法勝任代表的工作。」

我還記得我聽到這句話後（心想對方真是個價值觀貧乏的人啊），內心相當鄙視他。

當下我回答他的，就是我前面所說的那句話。

年齡有那麼重要嗎？

為什麼可以斷定年輕就做不到？

我認為**比起活了多久，你是怎麼活的才會決定你這個人。**

這無關年齡。

能幹的人就是能幹，做不到的人不管過了多久還是做不到。

這跟年老或年輕毫無關係。

我只是打從心裡單純地認為自己有實力，是符合代表條件的人，才爭取成為代表候選人的。

僅止如此而已。

在建立新的人際關係時，我會特意不問對方的年齡。

在排除一切先入為主的觀念或自己的標準後，只看對方有多少器量、是什麼樣的人。

對於員工，我也告訴他們不要以年齡判斷事物。

年輕人只要業績稍微好了點，便很容易想著「我那麼年輕就如此能幹，我還真厲害呢」而感到滿足。

反之，也有人會認為「因為我還很年輕，做不到也沒辦法」，仗著年齡耍賴。

周圍的人，也會一致贊同。

「明明很年輕卻這麼厲害」、「因為很年輕，沒辦法」。

大家都沒有察覺到，這種思考方式會妨礙成長。

仗著年齡耍賴是很沒有格調的行為。

我從來沒有想過這種事情。

要說我連自己的年紀都快要忘記了也不為過。

我的年齡姑且會用記號的方式被記錄下來，不過，是活了一百年還是兩百年，這種事情對我來說早已無所謂。

確切的在於，自己至今是怎麼走過來的。

往後，我也不會被年齡這種毫無意義的概念所困，而是經常審視自己與他人。

人類的重點不在於活了多久。而是怎麼活的。

THE APHORISM OF

ROLAND

6 "PHILOSOPHY"

「能夠說明的喜歡，
不是真正的喜歡。」

在電視訪談中被問到「為什麼會選擇這個手錶？」時。

「喜歡」這個詞充斥在我們的生活當中，然而在這之中，真正的喜歡又有多少呢？

我認為真正的喜歡，是無法說明的喜歡。

喜歡這個地方、喜歡那個部分等，能像這樣說明的喜歡，並不是真正的喜歡。

我喜歡男公關這份工作。

我喜歡自己。

我喜歡家人。

我喜歡足球。

就算想解釋，我也解釋不上來，但不知怎麼地，我打從心底被強烈吸引著。

有些喜歡的事情是無論我睡著還是清醒，都一直占據在我腦中的。

感受到**無償的愛**。

我認為，這才是真正的喜歡。

要做出選擇的時候，我總是相信自己的**直覺**。

手錶、西裝、鞋子，都是憑直覺去判斷喜好。

這是一種連我自己都無法解釋的直覺。
總之，我會選擇使我心動的物品。
我用這個標準不曾選擇過失敗的物品。
「我要這個顏色。」
「我要這個品牌。」
「我要大概這個價位。」
——比起從一開始就制定這些條件，我會平等地用喜好來看待物品。

交往的條件是「最好是很高的人」、「最好是有錢人」、「最好是帥哥」等，這種附帶條件的喜歡，是真正的喜歡嗎？

我在眾多訪談中經常會被問到「如果要交往的話，你喜歡哪種女性？」這個問題。
此時，我會如此回答——
「我只要求對方一件事，我希望對方能使我打從心底為她著迷。」
我並不介意外貌、收入或是家世。

總之，我希望對方能讓我打從心底著迷，沉醉其中到我無法說明理由。僅此而已。

附帶條件的喜歡，不是真正的喜歡。
無法說明的喜歡，才是真正的喜歡。

THE APHORISM OF ROLAND 7 "PHILOSOPHY"

「我雖然說了很多謊，
卻不曾對自己說謊。
一次也沒有。」

被問到自己是否很誠實的回應。

說來慚愧，我至今對很多人說過謊。有為了保護自己所說的謊言，也有為了他人所說的謊，數也數不清。

然而，有件事我可以斷言。**我從來沒對自己說過謊。一次也沒有**。

譬如你一眼就看上某件商品。

只是，在看了價格之後，你發現實在貴到驚人。

這時，大部分的人都會欺騙自己。

「反正買了也用不到吧。」

「仔細一看，這也不是什麼了不起的東西嘛。」

「保養費的部分呢？」

用這種無關緊要的理由哄騙自己，說著「那個不需要」、「我也沒有想要」來對自己說謊，欺騙自己。

你沒有過這種經驗嗎？

沒有什麼事情，比對自己的心說謊還要悲傷。

比起編理由欺騙自己，坦率起來，**得手一切渴求的事物鐵定會讓人生變得更快樂**。

我想要這個。

我想跟這個人交往。

我想過這樣的生活。

如果你這麼想，那很遺憾地，事實就是你只能這麼想。

即使不想承認，人的直覺依舊會非常坦率地告訴你。

我會老實地遵從我的直覺。

我不會編各種理由來欺騙自己。如果自己想要成為那樣，就試著坦率地以此為目標。

因為，我不想對自己說謊。

那是某一年的十二月三十日。我偶然於電視上看到紐約時代廣場的新年倒數，便直截了當地想著我要去那裡。

那是我從未去過的國家，我並不知道冬天的紐約有多寒冷，不過我隔天就預約了飛機與飯店，只穿一件風衣，在紐約度過了新年倒數。

又有某一天，我騎腳踏車上班時，旁邊有一台全黑的勞斯萊斯開了過去。我直覺地想著總有一天要開這台車，數年後，我就買了勞斯萊斯。

我想跟世界最強的足球選手一起踢球！這是我從少年時期便有的夢想。我坦率地面對自己的夢想，即便在成為大人之後形式有所不同，我依舊透過慈善活動，成功與阿歷山度・紐尼斯（Alessandro Nunes）、路易斯・菲戈（Luís Figo）等人一起踢球。

我想要成為歌舞伎町帝王的夢想、想要有一間個人男公關店的夢想，甚至是想成為一位巨星這種籠統的夢想，**全都是因為我誠實面對自己的心情才得以實現**。

我在此斷言，倘若我編一些奇怪的理由哄騙自己，這些夢想是絕對不會實現的。

向他人說謊沒有關係。

不過，唯有**面對自己，我希望你能夠誠實以對**。

ROLAND的
名言

美

THE
APHORISM OF
ROLAND
"BEAUTY"

要優雅、美麗地保持尊嚴……
「想要賭上人生，永遠保持帥氣」能夠擁有這種強烈的想法，
也是我的才能。

從幼年時期開始，「帥氣」一詞對我而言便有些獨特。

我對於大家小時候會憧憬的不良少年——也就是稍微有點壞的男性完全沒有興趣，我希望自己**成為優雅的男人**。

在小學低年級時，周遭的人都在熱衷戰隊英雄，我則對電影《教父》一片傾心。

男主角維托·安杜里尼·柯里昂（Vito Andolini Corleone）是義大利籍美國黑手黨，他愛護家人，深受部下信任。最重要的是，我對他高雅的舉止與穿著深深著迷。

電影裡出現的男性們，都會身著西裝。

「有教養又優雅的男人可真帥啊！」

這身影，深深地烙印在八、九歲時的我心中。

數年後，我升上的國中是採用西裝制服。

我會好好地繫上領帶、穿上皮鞋，整齊地穿上制服。因為我認為，這是最優雅、最美麗的。

當時不知道大家是不是受到傑尼斯藝人的連續劇的影響，很多同年級的學生會鬆開領帶、穿著運動鞋，或是將西裝褲穿得很鬆垮。不過在我看來，這實在很幼稚。

要優雅。

要有教養。

我時常牢記在心。

此外，我的工作風格中也有著我個人的美學。

與其狼狽地取勝，我選擇美麗地失敗。

學生時代踢足球時，我憧憬著能華麗地在壯大場面下勝利的巴塞隆納足球。

巴塞隆納的足球風格是，如果被得到一分，就要奪回二分，倘若被拿下三分，也只要奪回五分就可以了。基於這樣的思考方式，球員們不會笨拙地加強防守，或是打出迴避風險這種消極的比賽。這種姿態讓我傾心。

不擇手段，無論如何都堅持獲勝——我想，這種態度也是很重要的。

然而對我來說，**取勝的方法**跟勝利同等重要。

用骯髒的手法或採取賒帳的方式，以很難看的方式經營，即便用這種手段成為第一名，也會讓我失去重要的事物。

人與動物的差別，在於有沒有尊嚴。

因此，我以這樣的美學為根本，堅持要做到**完美的勝利**。

正因為這般自尊心妨礙，我幾度錯失第一名的寶座，然而，如果當時我不擇手段取得勝利，應該也不會有今天的ROLAND了吧。

美的意識與想要帥氣活著的心情，鐵定就像是我與生俱來的才能一般。

當我經過貼著隔熱紙的車子時，我一定會確認映照於其上的自己，我非常喜歡照鏡子，且會一直無意識地想著該如何才能活得帥氣呢？

所謂美的意識，不是想要就能擁有。

想要變漂亮！想要變帥氣！能夠打從心底這麼想，是某種才能。

因此，我並不認為我對此事所付出的努力真的算是努力。

成為帥氣的男人會讓我感到至高無上的喜悅，而這是賭上人生的一生課題，要說我是為此而活的也不為過。

一旦改變外表，你也會變得擅長社交、對自己有自信，每天都過得很快樂。外表與內在乍看之下是完全不同的事物，不過事實上，改變內在最好的方法就是改變外表。

只要變帥了，心情就會改變。而心情改變了，人生也會隨之蛻變。

接著，我就來闡述這賭上人生的課題——「美的意識」。

THE APHORISM OF
ROLAND
1 "BEAUTY"

「胖子都很驕縱。
如果正常地過日子，是不會發胖的。」

被問到「ROLAND維持身材的祕訣是什麼？」之時。

我每天都很用心留意維持體型。我本來就曾是運動員，可不允許自己的身體變得散漫下來。

胖。無論行程排得再怎麼密集，我也會想辦法擠出去健身房鍛鍊的時間。為了增加肌肉量，我會更新飲食內容，雖然也有故意增重的時候，不過我絕對不會變胖。

在與營養師討論過後，我會仔細地計算熱量，完全不吸菸，也幾乎不喝酒。

我也經常與教練開會，仔細討論身體狀況。

旅行途中，早上起床後我也會邊欣賞街景邊跑步。

這已經是我的例行公事了。

我在撰寫本書時察覺到一件事。雖說我本來就知道自己非常自戀，不過**想要變成我所喜歡的自己、理想的自己，不想討厭自己——這種心情，就跟我的自戀差不多強烈**。

因此，我才會對我給自己定下的規則、規範還有自尊心異常地堅持吧。

這彷彿就像為了使愛人喜歡，一心一意打扮成符合對方喜好的髮型或是學手作料理的女性一樣。

順帶一提，這是我從以前就再三講過的理論——**體態好的人，工作能力也會很優秀**。

原因在於，這些人對自己嚴格、克制自我，也很在意健康。

而最大的理由，是他們會像確實擠出時間來訓練那般**管理自己的行程**。

此外，**擅長運用時間的人能夠出人頭地**。

我想要一直、持續地喜歡自己。

如果我墮落了，過著沒有秩序的生活，當看到自己的身體長出鬆弛贅肉時，我鐵定會討厭自己吧。

不，在這之前，應該會先討厭放任自己過墮落生活的我。

我希望能讓客人開心地回家。

我想用完美的狀態工作。

事實上，這樣的心情正鞭策著我。

不過，我最大的動機，或許是因為抱持著這種心情吧。

「我不想被ROLAND討厭！」

「我希望永遠都當最喜歡的自己！」

THE APHORISM OF
ROLAND
2
"BEAUTY"

「這頭金髮
就像是我的靈魂一樣！
如果要剪掉，我還不如去死。」

老闆擔心收到預告殺人的ROLAND，問他要不要剪掉金髮時的回話。

這個話題可能有點讓人不安，其實幾年前歌舞伎町的治安很糟糕。不過，我現在已經遠離這種爭端了。

年輕時，曾經有人對我說過「你搶了老子的女人吧」，找我麻煩，甚至還打預告殺人電話到店裡。

「我如果在街上看到你，就殺了你！」——電話那頭的人如此表示。店裡的員工都很擔心，還找了警察商量，但對方並不是可以講道理的人。

工作人員問我說「在抓到犯人前，你要不要在家休息？」不過如果因為這種事就請假，會損了ROLAND之名。

我決定繼續上班。

接著，老闆表示：「你的金長髮太引人注目了，如果要上班，至少剪個頭髮或是把頭髮染黑吧。」

想必老闆是擔心我吧。

然而，**金色長髮對我來說就像靈魂一樣**。

這既是ROLAND的象徵，也是ROLAND的代名詞。

為了維持這頭金長髮，我不知道付出多少努力。

我只要感受到頭髮稍微受損，馬上就會去美容院保養。

我在家裡使用護髮用品是相當奢侈的，三天就會把兩個星期的分量用光。

到最後，我心想「如果沒有我可以接受的髮油，那自己做不就好了」，並設立了美容公司，直接與大型化妝品公司接洽後研究開發，甚至做出原創的髮油。

我姑且打算要上市販售，但比起營利，我的心態比較接近只是單純地做出了自己想要的東西。

如果要將我如此千辛萬苦守護的金髮殘忍地剪去或染黑，那我還不如去死。

因此，**我明知有生命危險，卻還是決定要保持這頭金長髮去上班**。

無論發生什麼事情，唯有這頭金髮我絕不退讓。

最後對方被逮捕，這件事也平安落幕，不過可能是因為我對金髮太過固執吧，現在竟流傳著「只要摸到ROLAND的金髮，財運就會增加！」這種都市傳説（！）據説在二〇一八年的萬聖節，有很多人想要角色扮演成ROLAND，大家都去購買金髮的假髮，而造成市區的金髮假髮缺貨。

我用性命來保護這頭金髮。
對我而言，這是金錢買不到的寶物。

THE APHORISM OF
ROLAND
3 "BEAUTY"

「無法帥氣穿著晚宴服的男人，
根本不是男人。」

被問到經常穿著晚宴服的原因。

我上班時一定會打扮成西裝風格。我認為男生穿晚宴服是最性感且最為帥氣的，而在我奉為聖經的漫畫《夜王》*中，名為上條聖也的男人也經常穿著晚宴服工作。這位聖也，是我唯一尊敬的男公關。

此外，我在本章開頭也有寫到，像是《教父》中所登場的維托・安杜里尼・柯里昂與詹姆士・龐德等，我所憧憬的優秀男性們全都帥氣地穿著晚宴服。

我對晚宴服有特別的堅持。

我自己喜歡穿在英國薩佛街被稱為最高級的名店——HUNTSMAN的訂製西裝，以Scabal的絲絨底材製作而成。

就算每天穿，衣服也不會變皺，我真心喜愛這高級又典雅的設計。

我並不是要否定知名品牌的成衣，只是我認為，能稱得上是男人戰鬥服的晚宴服，就應該在薩佛街的高級裁縫店製作而成。

如果你們覺得我怎麼說了一堆沒有聽過的品牌與詞彙，讓你們完全搞不清楚狀況，那就抱歉啦（笑）。

你們只要知道我對於晚宴服有如此強烈的堅持就好。

我想要說的是——

身為男人，就該穿晚宴服吧!!

就是這樣。

擁有一件晚宴服就可以去全世界的任何一家餐廳，無論到了哪裡都不會感到羞恥，是最強的一件衣服。

此外，如果你想要將晚宴服穿得帥氣，就必須維持相應的體態，而穿上好的晚宴服之後，舉止自然也會變得優美。

這和那種髒了你也不會在意的便宜運動服或運動衫不同，在知道這是高級品的潛在意識作用之下，你的動作會變得慎重，假使是訂製成貼合身體的尺寸，在某種程度上則會限制身體的動作。要說到這是否和運動服同為機能取向，那可不然。

這種施加在身體上的制約，會使男人的舉止變得高雅。

穿著最高級的晚宴服，開著喜歡的車。

穿著最高級的晚宴服，喝著最高級的威士忌。
穿著最高級的晚宴服，帶著好女人去好餐廳。
這是我再度深切體會到生為男人真好的瞬間。

晚宴服是男人的浪漫。
果然，**無法帥氣穿著晚宴服的男人，根本不是男人。**

※《夜王》是倉科遼（原作）與井上紀良（作畫）所創作的漫畫，以新宿的歌舞伎町為舞台，描述男公關各種競爭的故事。自集英社《週刊YOUNG JUMP》的二〇〇三年九號到二〇一〇年十六號為止，總共連載了三百一十三話。單行本共二十九集。

THE APHORISM OF
ROLAND
4 "BEAUTY"

「我可是ROLAND。
我不會與便利商店扯上關係的。」

被問到會不會去便利商店時ROLAND的回答。

很意外地，我經常會被問到「你會去便利商店嗎？」這個問題。

我想，鐵定是因為便利商店是生活感的象徵吧。

因此如果直譯的話，我想對方是抱持著「ROLAND先生！你是有生活感的人嗎？」這層含意來問我的。

答案是「NO」。

我會極力、有意地讓自己說的話或是行為舉止「削除生活感」。

男公關，是個使人陶醉於夢境中的工作。

如果身處這般立場的人有著生活感，不可能讓人陶醉於夢境之中。

這種感覺就跟迪士尼樂園一樣。

實不相瞞，我是名狂熱的迪士尼愛好者，而迪士尼在讓人陶醉於夢境中一事上做得實在相當徹底。

園內不會有任何充滿生活感的事物，也沒有一丁點垃圾。

甚至，迪士尼還流傳著這樣的都市傳說——即便詢問工作人員現在的時間，對方也會回答「夢的國度是沒有時間的」，不會告訴遊客。

不過，這才是身為藝人應有的態度吧？

當然也有男公關會讓客人看見自己操勞著日常生活的一面，採取讓對方產生親切感的經營方式，不過這樣一點也不美麗！也完全無法娛樂到人啊！

這可算不上是男公關。

我會**刻意排除生活感**。具體來說我做了什麼事情呢？若要舉個例，那就是我會極力地不在社群媒體上公開我正在吃飯的畫面。

吃飯就是生活感、有人味的象徵。

被看到吃飯的樣子，那就是沒有防備、放鬆警戒，是與非日常完全相反的行為。

我希望你能回想一下動畫或是電影中那些感受不到生活感的角色。這些角色在進食方面的描寫，應該是相當少的。

如果《哈利波特》裡的佛地魔在作品中吸食拉麵，這個故事就會變成喜劇電影了吧。

因此在被貼身採訪時，我會故意剪掉我吃飯的畫面。

一個貼身採訪我一年以上的媒體「HOST-TV」唯一拍到我吃飯的一次畫面，是在海外這個非日常的空間。

地上波（註：無線數位電視廣播）的貼身採訪也是如此。

對方表示無論如何都想要拍攝我吃飯的畫面，我只好請對方徹底遵守我的規範，就是只能在非常高級的店裡或是海外拍攝。

讓人陶醉於夢境中。

這句話說得很簡單，事實上，背後卻潛藏著如此的獨創巧思與努力。

夢，並不是只有在睡著時才能看見的。

真正的專業人士，會讓你在清醒的狀況下也能陶醉於夢境中。

THE APHORISM OF
ROLAND
5 "BEAUTY"

「這個房間很髒嗎？
還是因為我太漂亮了，
才會看起來很髒亂？」

ROLAND突擊檢查工作人員宿舍時所說的話，並接著說：
「哪裡都行，給我整理乾淨！馬上！」

自己的外在當然不必說，而**對於整頓周遭環境**，我也異常地堅持。如果要我在雜亂的房間裡生活，我可能撐不了三天。到了第四天，我就會因為壓力而死。

我就是如此地**喜歡乾淨整齊**。

擺放瓶子時，倘若並非全部等距且同一面向，我就放不下心；衣架的方向不是相同的，我就會感到不舒服。

象徵生活感的遙控器與面紙等物品，我會收到看不見的地方。

只要手提包的內部亂糟糟的，我的腦中也會變得雜亂起來，光只是看到插座的配線我就想吐，對於左右不對稱的東西更是討厭得不得了。

我這般**一絲不苟**的程度，甚至連我自己也認為是不是有點生病了。

此外，我不喜歡有曲線的東西。

我**中意直線且四方形**的物品。這是我最近才注意到的，我的身邊自然而然有許多四方且有稜有角的東西。或許，我本能上就喜歡這種直線的物品吧。

要和我這麼愛乾淨的個性共處是很辛苦的，不過事實上，也會有一些好事。

我會察覺一般人不會注意到的地方，並處理得很整齊。這種意識，對於從事服務業而言是很重要的。

將桌子整理乾淨、把店裡打理乾淨，是服務業絕對不可或缺的要素。

我有自信，我能夠用比店裡任何人都還要整齊的桌子接待客人。在店內美化上，我的細心程度不會輸給任何人，甚至連一毫米的桌子偏差我也會注意到。

雖然客人可能在喝酒時不會察覺到這些事情，不過這樣的體貼鐵定會確實傳達給對方，即便客人沒有清楚理解，也會讓他們心想：「奇怪？這個空間不知為何感到很舒適呢。」

在思考這本書的設計時，我也是相當苦惱。

該怎麼做出直線、簡潔又清爽的設計才好呢？

在撰寫本書時，我再次深刻感受到自己**喜歡整齊與完美主義**的程度實在讓人驚嘆。

如果可以稍微妥協一點，那會有多麼輕鬆啊。
我很羨慕就算是房間有一點髒，也不會感受到任何壓力的人。
我也時常這樣想。
對於太過一絲不苟的自己，我曾感到疲憊。
不過，就**連這樣的部分也涵蓋，才是所謂的ROLAND**啊！
因此，我打算一輩子就與這般堅持打交道了。

加油，ROLAND！

THE APHORISM OF
ROLAND
6 "BEAUTY"

「如果總是穿著運動服，
就會漸漸變成適合穿運動服的人。」

被問到即使稍微外出，是否也會確實打扮時。

我認為**穿著會打造一個人**。

因此，我總是留心於要確實穿好衣服。

幾年前的新年，我是在老家跟家人一起度過的。

那段時間我很享受和家人一同度過的時光，反正是過年啊。

現在想起來我都覺得毛骨悚然。我連續五天沒有好好整理頭髮，也沒有穿上夾克，只是悠閒地穿著運動服、頭髮凌亂地在家度過。

接著，是休假結束後的工作日。

我像平常一樣穿上晚宴服，站在鏡子前面，但總覺得哪裡怪怪的。就好像用沒有對好焦的相機在拍攝一樣，有點模糊不清。我的臉似乎也沒了霸氣，與其說我穿著西裝，不如說像被西裝穿著。

沒錯，在我邋遢地穿著運動服度過假期的這段期間，不知不覺間，我已經變成適合穿運動服的男人了。

那時，讓我堅信。

倘若過著邋遢的生活，就會在自己都沒有意識到的情況下，變成適合那種生活與打扮的人。

髮根變黑，沒有用頭髮保養品的乾燥棕髮、到處剝落的指彩、一身休閒服以及腳上穿的Hello Kitty涼鞋，而且還每天素顏。

這樣的人並不少。然而，假使用這種外表過生活，就會漸漸不在意以此示人或是他人會怎麼看待自己。

總有一天，可能連自己的人生過得怎樣也不在乎了。

至少，要梳頭髮。

沒有很昂貴也無所謂，試著從居家服換成有清爽感的洋裝，過上一天。

化上妝。

只要這樣，應該就會產生很大的轉變。

「ROLAND先生為什麼在沒人看的時候也要打扮呢？」

我經常被這麼問。

不過，我想反過來問你。

在沒有人看到時就不打扮的人，為什麼在有人看的時候就會打扮了呢？

正因為沒有人在看，才更要打扮。

這和角色扮演一樣，就算只想在攝影機拍到的時候才徹底扮演好該角色，也是有極限的。唯有從日常生活中就徹底扮演好該角色，才能呈現出好的演技。

縱使類型不同，但男公關也算是個用花名演戲的演員。

這麼一想，平時就要當作是角色扮演，**經常將自己打扮得帥氣也是理所當然的**。

此外，大家鐵定都有在打扮邋遢時總會遇到認識的人……這種經驗吧？

莫非定律！

這種時候……總會和最喜歡的人偶遇。

這是只有一次的人生。

你不想要永遠都在最完美的狀態下，遇到最喜歡的人嗎？

THE APHORISM OF
ROLAND
7 "BEAUTY"

「這世上最美麗的花是薔薇。
不過，這世上我最喜歡的花是櫻花。」

被問到喜歡的花時。

能充分表現一個人美感的瞬間，不就是打算放棄什麼的時候嗎？
當要引退時，有人認為即便滿身狼狽也要緊緊抓住地位不放是一種美學，也有人覺得瀟灑離去才能展現其美麗之處。
那麼，我完全屬於後者。

我喜歡花。
對於花所擁有的那言語無法道盡的美麗，我光是看著就感到幸福。
在花朵之中，我認為最美麗的花是薔薇。豔麗、優雅且奢華。那姿態簡直可說是ROLAND的化身。

不過，如果你問我世界上最喜歡的花朵是不是薔薇，答案是否定的。
薔薇，有個唯一，卻也是最大的缺點。
那就是，薔薇不會在美麗的時候凋零。
而是會緊緊抓住自己逐漸衰微的美貌。
這一點實在很遺憾。

如果薔薇是一週就會凋零的花朵，那就很完美了……

這麼一想，這世界上最美好的花朵不就是櫻花嗎？

豪不費力地就讓那美麗盛開的花朵凋零。

沒有一絲依戀，在自己最美麗的時候果斷飄落。這點，又讓人再度感受到無法言喻的震撼。

二〇一八年，我表明要引退。

我進入這個業界八年，業績也年年上升。

二〇一八年我被各家媒體報導，稱呼我為名實相符的現代男公關界帝王。

我確立了身為男公關至高無上的地位。

而我確信。

現在，正是我該引退的時候。

我要在最美麗之時，果斷地凋零。

現在離開真是可惜啊。為什麼是現在？就年齡上，當現役男公關還綽綽有餘啊？

我聽到很多類似的聲浪，不過，這樣就可以了。
凋零的時候，也要很帥氣。

既然終將離開，我想要在萬人惋惜之下離去。
在沒有人願意看你的時候離去，實在太過普通了!!

從今往後，我也打算度過像薔薇一般盛開，如櫻花一般凋零的人生。

ROLAND 的名言

愛

THE APHORISM OF ROLAND "LOVE"

我是蒙受周遭人們之愛而活的ROLAND，
我的使命就是透過ROLAND的存在使大家幸福。

我從沒想過我會有闡述愛的一天。
很羞恥的是，我連一次戀愛也沒談過。
不過試想一下，愛並非只有戀愛而已。
還有對家人的愛、對工作的愛、對員工的愛等。
愛有各種對象。
察覺到愛的力量會對他人有偌大的影響，是在來到歌舞伎町之後。
我試著深入了解男公關俱樂部的員工們，發現我經常會聽到有人其實是在複雜的家庭長大，沒有感受過雙親的愛。
真要說的話，在困難的家庭環境下成長的員工占多數。
正因為缺乏愛情，相較於他人才會有更強烈的自卑感，無法坦率。

很多孩子，就是世俗所說的那些難纏的孩子或是彆扭的孩子。

缺乏愛情的人竟然會變成這樣，使我感到吃驚。

雖然背負的擔子不盡相同，不過大家都是本性很好的人。

他們自己可能沒有察覺，其實大家的潛力都是很大的。

我認同你喔！你是個遠比自己所想還要出色的男人，再更有自信一點吧。只要懷抱著愛情如此傳達，對方也會成為出乎意料之外的優秀男人。

前陣子，我參加了一個癌症兒童的慈善活動。

透過一連串活動，我開始強烈地有想要幫助他人的心情。

與此同時，我還有個教導小朋友ROLAND名言的企劃，便去了托兒所拍攝外景。

此時，我發現了自己心中意外的情感。

我這名突然出現的金色長髮男子，在托兒所小朋友的眼裡看來，可能就像吉祥物一樣吧。

小朋友們哇——的一聲把我包圍起來，本應該是我要跟他們玩的，結果完全變成被玩耍的一方。

不過在看了拍攝畫面之後，我發現無論我再怎麼被黏答答的手觸碰、頭髮被弄得亂七八糟，我還是因為小孩子可愛得不得了而始終保持笑容。

原來我喜歡小孩啊！我對於這個自己之前沒有察覺到的感情感到驚訝。

於是，我強烈希望全世界的小孩們都可以像這樣天真無邪地笑著。

看到那些在沒有愛情的環境下長大，一直背負著寂寞的員工們，我深刻感受到幼年時期的經驗對於人格養成有很大的影響。

該怎麼做，才能稍微減少這些感到寂寞的孩子們呢？

等我回過神來，才發現最近我都在想這件事。

慶幸的是，我在許多家人與朋友們的愛情下長大成人，現在也非常幸福。

我想要把這份幸福分給大家。

既然以ROLAND這般存在誕生，我就希望能使世界變得多少幸福一些，死而後已。

感覺好像說了什麼有點害羞的話，實在不太好意思。

此外，最重要的是，我對自己的愛是最為強烈的。

我能夠如此抬頭挺胸地說我喜歡自己，是因為家人與周遭人們給了我很多。

我想一面向身邊的人們表達感謝，並把我蒙受到的愛分給大家。

在這一章節，我想寫一些我對於愛的思考方式，與鮮少提及的戀愛觀念等內容。

THE APHORISM OF
ROLAND
1 "LOVE"

「妳想要待在『某個人的身邊』，
而不是『我的身邊』。
我不是『某個人』，我是『ROLAND』。
請別把我當成白癡耍。」

某位藝人要求要跟ROLAND交往時他所說的話。

如果我不去完成，鐵定也會有別人去完成的——我對這種事不感興趣。
我想去做被他人說非我就做不到的事。
我想要有人對我說，除了我以外絕對沒有人可以做到。
在戀愛中也是如此。

如果不是ROLAND，就不可能接受。
哪裡都找不到可以代替ROLAND的人。
我想成為被這麼認定的男人。

經常有人找我做戀愛諮詢。
基本上，我認為人類是怕寂寞的生物（雖然我個人不太能產生共鳴啦）。
人們會希望能夠待在「某個人」身邊。
而且，會拚命地想要產生「喜歡」著「某個人」的錯覺。
在戀愛諮詢時，我經常有這種想法。

我絕對不要被套在這種「某個人」的框架裡。
我的自尊心，可不容許這種事。
……哎呀，雖然我寫得一副很了不起的樣子，但其實我從沒有過特定的對象——也就是交過女朋友。
原因理所當然是因為我有著如此重要的粉絲們，不過最大的理由，在於我還不曾有過能讓我說出「絕對沒有人可以代替妳！」這種**命運的邂逅**。

最終結果，永遠都停留在「某個人」。
「所謂戀愛，就是妥協。」
「竟然作著這種浪漫的愛情夢，真是愚蠢。」
周遭人們總是這樣對我說，這些意見我也懂。
然而，**我絕對不會妥協去談戀愛**。
我想要遇到沒有人再比她更好，就像是皇家同花順一樣的女性。

這個世界上只有兩種女人，
妳，和妳以外的。

我想要與使我真心這麼認為的女性相遇。
我也希望有一天，能被這樣的女性說出這番話。

這個世界上只有兩種男人，
ROLAND，和ROLAND以外的。

THE APHORISM OF
ROLAND
2 "LOVE"

「我也很喜歡喔！」

被某位女性說「我好喜歡你」的時候。

我原本就**知道自己非常自戀**，而我曾發生過一件決定性的事件。

經常會有女生對我說：「我好喜歡你。」

此時，我總會回答：「我也很喜歡喔！」

這是「**我也很喜歡（ROLAND）喔**」的意思（笑）。

講到共同的興趣，譬如對方說：

「我喜歡旅行！」

「咦？我也喜歡！」

我會像這樣附和。

有一次，我們發生了一點口角。

「你不是說你也喜歡我嗎！」

「咦？我不記得我有說過這樣的話啊……」

在這般爭執的過程中，我才知道。

客人將我口中說出的「我也很喜歡」，理解為「我也很喜歡（妳）」的意思。我這才深切感受到我的回答會招致多深的誤解，以及自己有多麼自戀。在與許多人說了這件事之後，大家都說奇怪的人絕對是我。

你到底有多喜歡自己啊!?大家相當驚訝。

當然，我很重視客人。

這份喜歡的心情也絕非虛假。

為了使客人幸福，我付出百分之百的努力。

順帶一提，作為「免責事項」，我都會確實跟客人說「不可以真的愛上我唷」。如果對方期望有這層關係，我就無法遵守使客人百分之百幸福的約定了。

話雖如此，我希望大家理解，客人對我而言依舊是很重要的存在。

我想藉此機會，向至今產生誤解的女性們道歉。

不過，我也確實因而有所學習。

我不想說謊，因此倘若有人對我說「我喜歡你」，我會回答「謝謝」。

我也非常喜愛如此具有學習能力的自己！（笑）

話說回來，我下週也約好要去看電影呢。

和我最喜歡的自己一起！

我喜歡一個人旅行、一個人開車，都是因為可以跟我最喜歡的自己一直在一起。

I LOVE 自己！

THE APHORISM OF
ROLAND
3 "LOVE"

「會有比我更能
使妳幸福的男人存在嗎？
妳不交男朋友也無所謂啦。」

對交了男朋友的妹妹說的話。

我聽說**我最喜歡、最喜歡的妹妹交了男朋友**。

這怎麼可能呢?我不願意相信。

對於從十五歲開始就離開父母長大的我,妹妹一直以來就像是小朋友一般的感覺。

這樣的妹妹,竟然交了男朋友!

我打了電話給妹妹。

「這個世界上絕對找不到比我還能夠使妳幸福的男人了,所以不用交什麼男朋友也沒關係,我會負起責任使妳幸福。」

我如此告知。

連我自己都覺得,我真是最帥、最棒的哥哥。

正當我這麼想的瞬間。

『哥哥,我可以說句話嗎?一般來說,你講這種話都會被覺得很煩的。』

我心中響起了心碎的聲音。

首先,我在平常的生活中從來不曾被女性說很煩,我對於這種話完全沒有免疫力。我那可愛的妹妹跑到哪裡去了……

還有發生過這樣的事情。

在妹妹因就職而煩惱的時候，我花了三十分鐘左右，打了一篇長文的LINE訊息給她。

在忙碌的行程中，我以一名社會人士前輩的身分打了各種建議，甚至還說即使完全不工作，哥哥也可以養妳。

這三十分鐘所打的LINE訊息，**是ROLAND的渾身解數**。

發出後三秒，妹妹顯示已讀。

五秒後，妹妹只回我一張帶有「OK」字樣的可愛兔子貼圖。

我心意滿滿的LINE訊息，**妹妹只回了我一張貼圖**。

對於遭受女性這般對待，我果然是沒有免疫力的。

我難過地差點都要跪下來。

明明以前很可愛啊。

由於男公關的工作性質，我以為我很擅長跟女性相處，看來還是太天真了。

我到現在還是不知道，要如何抓住妹妹的心。

算了，我不說這些牢騷了。

所以妹妹啊！如果妳正拿著這本書在閱讀的話，下次開始，請跟我正常地去吃頓飯吧。

還有，偶爾也請妳自己打通電話給哥哥。

世界上最棒的哥哥，ROLAND上。

後記

前幾天妹妹久違地打了電話給我。

我不自覺露出微笑的事情，就先保密吧。

THE APHORISM OF
ROLAND
4 "LOVE"

「這些人全都是我僱用的臨時演員。
因為我想跟妳在一起久一點！」

從約會回家的路上大塞車時，ROLAND於車內所說的話。

我發現，女生意外地會觀察男生陷入塞車時的反應。是因為有句話說，開車時可以看出這個人的本性吧。

我幾乎每天都會開車上班。

我經常面對塞車，偶爾也會在與女性約會時遇到塞車。

這種時候，各位會怎麼做呢？

會煩躁地按喇叭，神色凝重地不停抱怨嗎？

這種男人只是二流的。

邁向ROLAND的路途，可是比塞車的路途還要遙遠。

塞車是莫可奈何的事情。

就算再怎麼焦躁，抵達時間也不會有什麼改變。再說，沒有什麼事比跟一個焦躁的人共處一室還要來得更痛苦了。

此時，說句機靈的話逗人一笑，才是男人的器量。

在某次約會的歸途中，我遇到嚴重的塞車。
因為很早就出門了，在回程路上雙方都有點疲憊，而我察覺到坐在副駕駛座的客人似乎正擔心地觀察我是否很焦躁。
想必是客人的歷任男友們在塞車時就會焦躁、不高興吧。
然而說老實話，我可是無與倫比的ROLAND。根本不必擔心。

「這些人全都是我僱用的臨時演員！因為我想跟妳在一起久一點。」

我如是說。
女孩馬上大笑。
那是個塞超過兩小時的大塞車，三千位臨時演員一定很無聊吧。這種壯大的規模感太過超現實，讓人不自覺發笑。
只要看到女孩的笑臉，就連我也會快樂起來。
你問我為什麼？因為女性的喜悅就是「快樂（註：日文中快樂寫法為「嬉しい」）」啊！

塞車也沒什麼不好的，只要想成是能夠悠閒聊天的時間就好。或許正因為是塞車這種特殊情況，才能盡情地說出至今為止的經歷與人生觀。

倘若很焦躁，就會錯失這樣的機會。

身為男子漢，要時常保持心境的寬裕。

不要做出讓女性掛心這種不解風情的事。

瀟灑地護送女性，才是成熟的男人。

無論什麼樣的情況下，都別忘了使對方綻放笑容！

THE APHORISM OF
ROLAND
5 "LOVE"

「在我得到可用金錢買到的東西後，
才初次了解到無法用金錢
買到之物的價值。」

對認為有些東西比金錢還重要的人所說的話。

我認為有許多東西比金錢還更重要。金錢並不是人生的全部。

諷刺的是，我發現這個道理是在我得到金錢之後。

我經常聽到有人會說「有很多東西比金錢重要」。會把這句話掛在嘴邊的人，大部分都是對沒有錢這個事實理直氣壯吧。

為了正當化自己的努力不足，才說給自己聽的。

明明沒有賺大錢，怎麼可能會知道富裕生活是怎麼樣的。

這就跟即便想要針對沒看過的電影寫評論也寫不出來一樣。

這是我在真的有錢後，才察覺到的。

那麼，成為有錢人之後，世界觀會如何改變呢？

雖說是個很幼稚的表現，不過就好比可以吃美味的食物、看想看的景色，居住環境變好，得以開想開的車，能為他人做的事情也增加了。視情況，甚至連健康都買得到。

接著，就跟長大成人後便不會那麼渴望著小時候想要的玩具一般，我發現，當隨時都能買得到時，人們就不會再特別想要些什麼了。

現在，我已經完全沒有突然「好想要什麼！」的想法了。

也就是沒有物欲的狀態。
陷入這般境遇後，我才首度意識到「用金錢也買不到人心」這句老話。

我看過許多有錢人為了收買人心而拚命努力。他們或許已經被金錢洗腦，認為一切都可以用金錢買到吧。

然而，我從來不曾見過有人用金錢買到發自內心的愛。
無論再怎麼有錢，也絕對買不到人心。真心的溫柔與愛，是金錢買不到的。
若將心意加注到金錢之中，或許可以藉此傳達心意給他人。
不過，人心並不像在貨架上的商品那麼單純，只要隨意選擇、付錢就可以買下。
正因如此，**人心才有價值**。

有工作人員因為仰慕我，捨棄故鄉，來到東京。
員工們對我說：「如果ROLAND先生獨立開業，即使是地獄，我們也會跟隨您的。」
學生時代的好友告訴我：「不管發生什麼事情，我都是你的夥伴。」
還有，家人。

這些，都是無論賺多少錢也買不到的愛。

金錢，絕對不是只為了買什麼而存在。

是為了讓我們察覺金錢無法購買的事物其真正美好之處，金錢才會存在。我現在是這麼認為的。

THE APHORISM OF
ROLAND
6 "LOVE"

「對工作用具沒有愛的傢伙，
也就是對工作沒有愛的傢伙。
我討厭這種人。」

被問到每天擦鞋的理由。

在每天的工作結束後，我會一邊聽著喜歡的音樂，一邊擦鞋子。
我最近喜歡的是比利・喬（Billy Joel，鋼琴家）。只要擦鞋子，自然就會心無雜念，這或許和冥想的時間有點類似吧。
我一整天都有很多事情要思考，腦袋一直全速運轉，因此做這件事情，我的心情自然會冷靜下來。
放空我的大腦。
對我而言，這是個可謂例行公事的重要時光。
我之所以會如此珍惜工具，是受父親的影響。身為音樂家的父親在重要的現場表演之前，一定會親自保養吉他。
我小時候曾對此感到疑惑，並問父親。
「為什麼不交給別人做呢？」
當時父親所說的話，我至今都無法忘記。

因為，我想要對我自己的工作負起全責。

如果請誰來幫忙，而對方失誤時，我鐵定會怪罪那個出錯的人吧。

然而，這樣是不對的。父親如此教導我。

我對於男公關的這份工作，有著偌大的愛。

就算所屬店舖不同，一旦看到出色的男公關，對我而言便是幸福的瞬間。

這可以說是感受到單純身為一介職人的幸福吧。

正因如此，能夠跟出色的男公關一同工作，那真是至高無上的幸福。

相反地，如果遇到對這份工作沒有愛的人，除了極度悲傷以外，我也會同時感到憤恨。

不管對方業績多好，我都希望對方現在馬上脱下西裝，去做別的工作。

這話題有點偏離了，不過我認為，**對工作用具的愛＝對工作的愛**。

倘若深愛工作，必定會對工具湧現出依戀。

對男公關而言最為重要的工作用具——手機畫面只要稍微有點破裂，我也會馬上拿去修理。

我經常會把西裝送去乾洗店清洗。

此外，我永遠將鞋子擦得雪亮。

縱使我不抽菸，我也會很珍惜地使用都彭打火機，原子筆也用萬寶龍的。

用百圓打火機幫客人點火、用百圓原子筆的男公關，我只會認為他是在瞧不起這份工作。

我對工作用具會如此堅持，**全都是出自我對這份工作的愛**。

我想從今往後，我對這份工作的熱情也永遠不會消失吧。

THE APHORISM OF
ROLAND
7 "LOVE"

「到頭來，
恐懼是無法維繫人們的。
身為男人的魅力才是最強的鎖鏈。」

某位男公關俱樂部老闆向ROLAND商量店內辭職員工很多時，ROLAND所說的話。

來到歌舞伎町這條花街之後，我體驗了各種離別。和同事、同行還有顧客。

如果可以果斷認定這裡就是一個轉瞬即逝的花街，莫可奈何，那事情就會到此為止，但人類無法如此輕易地下定論。

尤其是以店鋪負責人的立場而言，如果沒有員工店鋪就無法經營，倘若身為男公關，客人的數量會直接影響收入，這是攸關生死的問題。

因此，為了不要讓男公關離開自己旗下，經營者會仔細構思對策，而方法有很多。在這之中，也有人會展現暴力來勉強留住人。即便現在已經減少，依舊有些店家會利用恐懼綁住員工，不讓員工轉會到其他的店鋪。

而至於這樣的店家是否完全沒有流行起來呢？事實上，有不少店家確實提升了業績到某個程度。回顧歷史便會發現，也有不少靠恐懼來控制的領導人建立了榮耀。

然而，我可以在此斷言。

人類才不會被恐懼給束縛，若採用這種方法，一定會在某處出現偏差的狀況。

利用恐懼控制使業績暫時上升，結果卻在數年後衰退倒閉，這樣的店我可是知道好幾間呢。

店家用暴力與恐懼支配，不讓男公關去其他店鋪，這些男公關因而搶來許多指名他們的客人。

或許現狀能夠抑制到某種程度，但絕對會有極限，這防波堤遲早會潰堤。

那麼，該怎麼做才好呢？

這很單純，**就是要讓他人見識到身為男人的超群魅力**。這是最有用的。

我擁有許多指名了我好幾年的客人，也有不少員工因為仰慕我，遠離故鄉來與我一同工作。這是一條充滿誘惑的花街，想必有數不清的誘惑吧。有客人受到眾多男公關們的猛力經營，只因為男公關想得到指名，也有員工在其他店鋪累積了巨額的轉會費。即便如此，他們也願意一直待在我身邊。

我當然不可能做出使用暴力如此荒謬的事，況且，如果有比我更好的男人，只需毫不猶豫地奔向對方的懷抱即可。我只是很單純地這麼想著，並如此傳達。

我從沒有勉強挽留過想要離職的員工。

相對地，我很努力想要成為對那個人而言永遠都很有魅力的男人，展現我帥氣的背影。

為了讓自己成為大家都想跟你在一起的人。

比起金錢、比起暴力、比起任何事，**「身為男人的魅力」才是最吸引人、讓人不會離開你的要素**。

……不過，寫到這些事，可會讓我再次回味一番的呢（笑）。

畢竟是在書裡，雖然有點害羞，還是讓我説吧。

一直以來都在我身邊的各位，真的非常謝謝你們！

ROLAND的
名言

工

THE
APHORISM OF
ROLAND
"WORK"

作

唯有已經成為日本第一男公關的人，才能教你成為日本第一男公關的方法。

國中的時候，我不經意地看到傍晚新聞在播放歌舞伎町第一男公關的特輯。對當時還是足球少年的我而言，這實在是非常遙遠的世界。然而不知怎麼地，這畫面卻烙印在我腦中，使我遲遲無法忘懷。

在經過一番曲折後，過了幾年。

回過神來後，年滿十八歲的我已經從大學休學，身處歌舞伎町。

我曾經歷過居於人下的痛苦時期，不過總算是爬上第一。

這樣的我，終於也有被電視介紹為第一男公關的一天。

以電視為契機而成為男公關的我，這次成為出現在電視上的一方。

這個事實當然讓我很高興。

不過最高興的是，我並不是像過去男公關特輯中那般因奢華的香檳塔或花大錢來贏得注目，而是讓大家關注在我專業的認知還有對工作的熱情上。

我改變了至今社會對男公關的印象，轟動社會，使我相當自豪。

對我來說，工作是我的生存價值。我對自己的工作有著無可取代的愛，並感到驕傲。

很多人視工作為生存的手段。

不過，我不想成為如此去認定工作的人。

「如果我明天沒來上班，那就是我中樂透啦！」

我曾聽過這樣的話。

對這樣的人而言，工作只不過是獲得金錢的手段罷了。

如果賺了大錢，就辭去工作。

每天都是抱持著這種想法在工作。

然而，我不一樣。

我想就算我中了一百億日圓的樂透，隔天也一定會準時去工作吧。我不是為了錢。工作，是我生活的全部。

從現役男公關引退後，今後，我也會以企業家的身分生活吧。

比起**利益，最為優先的要素是價值**。

最近，向我提出賺錢機會或是高額演出的委託都增加了。

無論聽起來有多誘人，只要是我不覺得有趣或是感受不到熱情的工作，我一律都會拒絕。

我親自負責處理的商品或是店鋪，全都是以我自己想要或是我自己想去為主旨。

這聽起來或許有點討厭，然而，我已經沒有想要錢的這種心情了。

有錢自然是最好，不過我也不是過著領日薪的生活，更非為錢所困而工作。

正因如此，我今後才想要更加享受工作。

我曾在工作上發生過的一些小插曲，還有我對工作的想法、技巧——如果我能夠在本章傳達這些內容給你，那我會感到很榮幸。

我一輩子，都會是一名專業人員。

THE APHORISM OF
ROLAND
1
"WORK"

「我沒有在睡覺。
只是在看眼皮的內側而已。」

在一個大型活動的企劃會議中，ROLAND被發現在打瞌睡時所說的話。

我每天都要處理忙碌的行程，有時候就難以確保有充足的睡眠時間。偏偏在這種時候，就會有重要的會議。

有人連絡我，告知我成為日本頂尖知名活動的活動大使候選人。這是在男公關業界誰也沒有參加過的一項大型活動。

別說我了，連經紀人也認為這是個難得的機會！我感到幹勁十足。

接著，終於到了面試兼企劃會議的日子。

接待室來了好幾位拿著企劃書的大人物。

我本打算卯足幹勁參加會議，結果卻非常想睡（笑）。

不幸的是，對方說話者的聲音又是使我感到非常舒服的耳語，助長了我的睡意……

社會上的一般人們原本就有「畢竟是男公關，實在懶散」的刻板印象。如果我睡著了，就會更加深這種印象。

不過，人類真的很不可思議，越是想著不能在此時睡著，反而越想睡。

就從結果說起吧。我睡著了。

這是非常重要的工作面試與企劃會議。經紀人發現我竟然在這種場合下睡著，把我叫了起來，然而大家的視線實在很銳利。

「啊——啊——要任用ROLAND還真是有風險，真不像話耶——」

「這必須要跟選角負責人報告才行啊——」

他們的視線，彷彿在這麼說一般。

很不可思議地，在被逼迫到這般逆境之時，人類就會有意料之外的發想。

若此時只是道個歉，這鐵定任誰都能做到。

能拯救我脫離這四面楚歌的窘境者，就是**我那高尚講究的世界級幽默感**。不知為何，我就是如此確信著。

於是，我說了這麼一句話。

「我沒有在睡覺，只是在看眼皮的內側而已。」

……真不愧是我，這是多麼藝術性的回答啊！

首先，我從正面否定了睡著了的這個事實，也展現出我強烈的意志。

再者，儘管眼皮是離眼睛最近的存在，卻沒有任何人的視線願意停留。我並沒有無視如此悲慘的眼皮，而是用滿溢的慈悲心仔細地凝視它。

我若無其事地展現出這等如同溫柔化身的男子魅力。這可以說是兼具了強大與溫柔的二代同堂住宅吧，這種**傳說級的裝蒜，可是會名留青史的**。

大家聽到我這麼說之後，凍結的空氣一瞬間颳起了爆笑的旋風，這就不需要我多說明了吧。

結果，在數位候補中，我得到身為主要大使的機會。

後來，我向角色分配負責人詢問此事時，對方對我說：

「雖然還有許多因素，不過那時你所說的那一句話，使我確信要用ROLAND這個人呢。」

誠心誠意道歉當然很重要。

然而，**在命懸一線的危機之際，能拯救你的力量是幽默感**。

這個事件，使我再次認知到幽默感那深不見底的力量。

THE APHORISM OF

ROLAND

2 "WORK"

「我並不是說要妳有自信，

而是要妳試著假裝自己有自信！」

ROLAND在電視節目上，對沒有自信而煩惱的女性所說的話。

我認為使人產生魅力最為重要的工具，就是自信。

然而，並不是我說了「好的！從今天起要有自信！」大家就可以輕易地產生自信。如果能如此輕易就產生自信，那就會像現在智慧手機的持有率一樣，大家都很有自信才對。

因此，我總會建議大家**只要裝作有自信就好了。試著努力展現有自信的模樣吧**。

人的心很複雜，大部分都無法隨自己所欲。

所以，倘若太過有勇無謀地勉強自己要有自信，也只會陷入負面情緒的連鎖當中。

「我明明必須有自信才行，卻無法產生自信。我該怎麼辦啊……」

這種時候，只要坦率地接受「沒有自信的自己」就可以啦。

「原來如此，你沒有自信啊！好，我了解了。這也沒辦法唷！」

像這樣（笑）。

- **首先，去接受**
- **接著改變視角，思考怎麼做才能看起來有自信**

・試著挺直腰桿
・試著慢慢地說話
・試著降低音調

如何？這下子感覺就能做到了吧？
是不是很有建設性？

講到去年俄羅斯世界盃分組賽初賽的哥羅比亞戰，香川選手在踢上半場開始三分鐘後的罰球之前，就先笑了出來。
看到那個表情，我當時就想，哦哦，首先這一球就不會踢歪了。

即使無法改變心理狀態，舉止也可以在瞬間改變。
先假裝自己有自信，當湊巧說的話受大家歡迎時掌握這個情勢，很多時候，就會讓你有這樣的想法。
「咦？這麼說來，我發現我在不知不覺間已經能自信滿滿地談話了耶！」

這是因為，在行為舉止看起來很有自信的過程中，你接近了想要成為的自己。
因此，我也經常對員工們這麼說。
要假裝有自信啊！

哎呀，等到了我這個等級後，就會永遠具備就算是跟鏡子中的自己猜拳也會贏的自信了！（笑）

THE APHORISM OF
ROLAND
3 "WORK"

「不要看別人的社群網站！」

被問到現在想對人們說的話是什麼。

很多人在看了別人的社群網站之後，會感到不舒服。

如果是這樣，說極端一點，**不要看就好了**啊。

首先作為大前提而言，我也是人類。如果看到討厭的文字或是評論，也會像一般人一樣感到不悅。

就因為這樣，我才決定不去看社群網站、討論版或自我搜尋。

這種行為，**就跟穿無袖上衣去採蜂蜜差不多沒格調**。

我不懂明知會不開心，還去做的意義為何（笑）。

為什麼？為什麼要做呢？（笑）

那種討厭自己的人，就算不去找也會發現的吧？

不用特地自己去找也無所謂。

當然，聽別人的意見是有點（！）重要，但因匿名且素昧平生之人的意見而左右自己的生活方式或動力什麼的，你難道不想消除這種無趣的生存方式嗎？

現在是個資訊過多的時代，要排除資訊是很困難的。

正因如此，才要刻意努力別讓不必要的資訊進入我們的生活。

其中一個方法，即是**不要看別人的社群網站**。

我能讓別人稱我為獨一無二的存在，我想一定是因為我如此善於排除周遭人們的意見，只是不斷朝自己相信的道路邁進。

你是否曾蓄意去檢視那些誹謗中傷與反對的言論，因而下意識採取不會被抨擊或是會受到大家喜愛的方式呢？

你是否成為那種身穿流行的GUCCI服飾，言行舉止不得罪人，隨便丟顆石頭都會打到的無趣之人呢？

你只要朝自己認為正確的道路前進就可以了。

我認為**工作的方式有三種**。

- **正確的做法**
- **錯誤的做法**
- **以及我的做法**

今後，我也會用我的做法繼續活下去。

THE APHORISM OF
ROLAND
4 "WORK"

「東西賣不出去時，就正大光明地賣剩下來吧。」

被問到狀況不好時會怎麼做。

任誰都有狀況不好的月分。

就連我啊，也是有那種月分的。從事接客業或銷售業的各位，想必也都有過這種經驗吧。

那麼，這種時候該怎麼辦呢？

我決定，就正大光明地賣剩下來。

要說這是自暴自棄、將錯就錯，確實是如此，不過真相其實是更加深奧的。

這意思並不是說每天怠惰努力，態度傲慢地不達成業績。因為，這只是單純的偷懶（笑）。

即使是狀況不好的時候，也要不吝盡最大的努力。

我想說的是，不是說因為客人不上門就打破平時的態度，自己折價賠售，像是在舉行大特價那樣，這違反了我的美學。

倘若狀態不好，大多數人都會想往這個路線逃竄。

將自己沒有餘裕的姿態展露無遺，拚命地拐客人到店裡，把自己變成特價品。

這樣完全不美！
一點也不帥氣！

最好的東西，並不見得一定賣最好。

綜觀這個世間，會發現跟勞斯萊斯相比，還比較多PRIUS在路上跑。

而說到總銷售額，鐵定是PRIUS賣得比較好吧。

話雖如此，假使賣剩下來的勞斯萊斯突然開始調降價格，那勞斯萊斯就不再是勞斯萊斯了。

正因為賣不出去還正大光明地佇立在櫥窗中，才是勞斯萊斯。

無論什麼時候，ROLAND都不會讓自己掉價。
我死也不想給自己貼上特價的標籤貼紙！

這才不是賣不出去，只是大家買不起而已！

憧憬和現實是不同的。

這並不是大家伸手就可以觸及的存在。
這麼一想，我就不在意了。

如果要贏得狼狽，還不如輸得漂亮。
不過，我可是會漂亮得勝的（笑）。

THE APHORISM OF
ROLAND
5 "WORK"

「男公關可不是中元節禮品哦？」

對過分謙虛的男公關所說的話。

「小東西不成敬意！」
這句話我從小便深感疑惑，明知道是不成敬意的小東西，為什麼還要給別人呢？
如果是我，鐵定會說「這是最高級的絕妙逸品！」後再交給對方啊。

男公關是個銷售自己的工作。
在推銷自己的時候，應該要用最利己的方式去推銷說這個世界上最棒的人就是我！這樣的男人才有魅力得多。
小東西不成敬意的這種謙遜或許乍看之下是很謙虛，不過追根究柢思考，這只是想設下一個倘若自己不合格之時的預防線，便於自我防衛而已。

「哦哦，果真是個最棒的男人！」
在強力推銷自己是個最棒的男人後，使客人有這樣的想法，才當真是一流的不是嗎？
一開始就在自己身上買保險以因應自己做不好時的狀況，像這種男人，哪有女人會覺得有魅力呢？

我坐檯的時候，都認為**自己是世界上，不，是銀河系裡最棒的男人**，並秉持這種想法來待客。

如果被問到推薦的男公關有誰，

那就是「ROLAND」這唯一的選項。

我可以直說，我有使女人快樂的自信。

我真心覺得，竟然不指名我ROLAND而去跟別的男公關玩，那**差不多像光頭還來護理頭髮那般愚蠢**。

這世界上的男人只有本大爺，和除此之外的。

因此，我才會受歡迎。

「啊……我、我叫RO……LAND……我是個很無趣的男公關……可以的話，請指名我……雖然我真的很無趣……」

如果用這種說法，各位覺得如何？

還會感受到魅力嗎？

我雖然很忙碌，不過這一個小時是專屬於妳的一個小時喔。

我認為這麼說客人會比較高興。

我也不會浪費這一分一秒，而是有效率地運用。

這不僅限於男公關，**可以說對所有推銷自己的行業而言，傲慢才正好呢**。

比起隨時都能進去的餐廳，去那種要排隊很久才能進去的餐廳吃飯會比較幸福吧？

相較於輕易就能得手的事物，難以得手的事物更有價值。

請更加秉持著利己主義，大膽地推銷自己吧。

THE APHORISM OF
ROLAND
6 "WORK"。

「我不會憂慮哦。不過我是會煩惱啦。」

被問到ROLAND是否也有憂慮的事情。

「**憂慮（Yamu）**」一詞與「**煩惱（Nayamu）**」一詞。

雖然用嘴巴說就只差一個音，不過其中的意義完全不同。

我已經下定決心，絕對不會「憂慮」。

所謂的「憂慮」，可以說只是以旁觀角度哀嘆著的狀態而已。這樣的時間沒有任何生產力，不過是在浪費光陰。

發生討厭或痛苦的事情時，的確很難受。

然而，無論再怎麼感嘆，也是無法重拾過去的。如果一味地憂慮三天就可以回到過去重新來過，那還另當別論（笑）。

因此，我選擇「煩惱」。

「該怎麼做才不會再失敗呢？」、「是什麼原因造成的呢？」、「解決方法是什麼？」

與其感嘆著「啊——我失敗了——」、「唉，我真的不行啊……」，煩惱的時間遠遠來得**更有生產力**。

對於不習慣的人來說，這樣的思考模式或許有點困難，不過我希望各位能好好面對現實，不要「憂慮」，而是「煩惱」。

並不是說悲傷就不好。

「憂慮」和「煩惱」的中間過程是一樣的。

「哇，搞砸了……」、「糟糕透了……」，在這之後的想法才會是個分歧點。

接著，**嘗試養成轉換思維的習慣，去想想要怎麼做才能解決這個狀況**。

只要能做到這點，你就會察覺到至今為止的「憂慮」行為有多麼無謂且毫無生產力了吧。

光是觀望著，什麼也不會改變。

想要讓人生成功，並不是思考做或不做。

而是，就去做。

THE APHORISM OF
ROLAND
7
"WORK"

「如果經濟艙都是豪華平躺座椅，就沒有人會去坐頭等艙啦！」

被問到ROLAND的待客理念時。

雖然我不是很喜歡這種表現方式，不過在男公關業界，有所謂「大戶」與「小戶」這個字眼。

「大戶」意指會花大錢的客人。

「小戶」就是不太花錢的客人。

為什麼我可以在歌舞伎町達到業績登頂呢？

我想，是因為我擅長接待大戶。

對於大戶，**使他們明確地感受到優越感**是很重要的。

說實話，**對大家都很溫柔的男公關只是二流的**。你會想花大錢在這種男公關身上嗎？

明明都花大錢選擇頭等艙了，如果連經濟艙都是豪華平躺座椅的話，往後就沒有人會再選頭等艙了吧。

當然，我對於客人願意來店裡這件事情也是單純感到開心的，我也很希望能夠溫柔對待所有的客人。

不過，我會**刻意**不對小戶過於殷勤。

為什麼呢？

對花大錢的客人們而言，這既是**禮節，也是一種體貼**。

這並不是差別待遇，而是區別。

或許是因為感受到這份體貼，大戶們才願意長年指名我ROLAND吧。

也不是說我對小戶就很冷漠。

我會秉持在最低限度內確實接待客人的前提，嚴格且明確地區分出待客時間等差異。

我會讓花大錢的客人們覺得「花錢真是太好了！」、「我還想要體會這種感覺！」

至於並非如此的客人，則是讓她們有「哪天我也想要體會那樣（大戶）的感覺！」、

「為了下次付得起錢，我要努力工作！」的想法。

能夠做到這些，才是一流的男公關。

ROLAND 的名言

人

THE
APHORISM OF
ROLAND
"LIFE"

生

我永遠都會超越過去的自己。從今往後，我也會向沒有人涉足過的嶄新世界挑戰。

雖然我有自信說我至今為止的人生是最幸福的人生，但絕非一帆風順。

不管怎麼說，我人生中最為挫折的便是犧牲了超過十年以上時間，卻沒能實現成為足球選手這個宏大的夢想。

我非常氣餒，一度失去了活下去的目標。

然而，**人生還是要繼續**。我必須振作起來，靠自己的雙腳前進。

在悲痛癒合之前，真希望有誰願意幫我度過兩年左右的人生……這種事情是做不到的。

要是沒有注意到這點，我可能差點就會成為自己人生中的臨時演員了。

自己的人生，僅有一次的人生。

身為主角的自己怎能離開舞台！我就是這樣振奮自己，直到今日。
既然被委託擔任主角，那做好主角的職責直到最後，才是所謂的主角吧。
明明是自己的人生，我可不想要像個臨時演員一樣過活！
我抱持著這種心情，走到現在。

自己的人生，自己當主角。

雖然這是句老生常談、毫無新意的話，不過正因為指出了真理，才會被人們一提再提不是嗎？
自己的人生由自己當主角，這乍看之下好像很理所當然。
然而實際上，或許正因為許多人都活得像個臨時演員，才會像是要勸戒自己一般，不斷說這句話給自己聽。
然後，還有一點。**人生中有件很重要的事情**。
那就是，**自己的事情要全盤由自己決定**。
至今為止，我有好幾次走上別人所決定的道路。
第一個是讀大學。

還有一件事，是因為我字很醜而被迫去參加原子筆寫字講座。

關於大學，就如我前面所述，我在開學典禮後就提出了休學申請書。

至於原子筆寫字講座，原本就不是我字醜，而是因為我的面貌跟心靈過於美麗，所以字看起來才醜而已吧！這種事哪做得下去啊！因此我同樣在第一天就不去了。

人類，是不可能好説話到連被他人強迫的事情也能一一燃燒熱情。

走在別人鋪好的鐵軌上，這樣的人生乍看之下可能很輕鬆。

然而到頭來，這種人生會快樂嗎？

要是我的話，不管有沒有鋪好，我都早已不想走在軌道上了。

因為軌道只能往前行走，無法橫著走啊。

倘若真要走在這麼不自由的鐵軌上，那麼即便速度慢了點，我也想用自己的腳自由地到處走動。

在用這種思維模式過活之後，不知不覺，我已經用這雙腳抵達機場、搭上飛機，結果比走在軌道上的傢伙們走得更為遙遠。

人生就是這樣。
到頭來，抱持著熱情做想做的事情，這種人類才是最強大的。

自己的人生，自己當主角。
正是如此！
我的人生，只屬於我的人生。我不會把主角讓給任何人。

THE APHORISM OF
ROLAND
1 "LIFE"

「我擁有的財產？
大概就是我現在正在嚼的口香糖吧。」

對向自己找碴並索求金錢的男子們所說的話。

以前的歌舞伎町，是個驚人的危險之地。

而以前的我，也是窮到驚人。

其實，在我年輕的時候，我也被小混混找過好幾次麻煩。

當然，現在街上的人出於尊重，是絕對不會對我做這種事情的。

那是在我剛成為男公關的某一天。我還是老樣子，過著每天不斷受到他人幫助的日子。

就在我疲憊不堪、步履蹣跚的回家途中，撞到了舉止粗野的男子二人組。對方是很惡劣的男子喔。

他們對我說：「給我付醫藥費！」

我身上實際有的錢不過就幾百日圓，因此**我手邊值錢的東西，單純只有我當下正在嚼的口香糖而已**。

我坦白地告知他們。**不久之後，我會成為巨星的**。

那兩個男人也真笨啊。

如果老實收下我的口香糖，此時就可以拿來拍賣發一筆財了吧（笑）。

聽了這些話而勃然大怒的那兩名男子，最後就被在附近的警察帶走了。

過去，這條街上沒有任何人注意到我的價值。
過去，這條街上沒有任何人給予我尊重。
即使是在這樣的情況下，我也相信自己，相信我是有價值的人。
就算現在那兩個男人哭著拜託我，
我也絕對、絕對不會給他們我嚼過的口香糖!!

THE APHORISM OF
ROLAND
2 "LIFE"

「你這樣不是幾乎失去了雙親給你的寶貴頭髮嗎？」

被親戚責備染金髮的行為是糟蹋父母給予的頭髮。

某年過年親戚們齊聚一堂時，有位親戚責備了可謂我ROLAND代名詞的金色長髮。

我想他應該是喝醉了吧。

他說：「染金髮這種行為，是糟蹋父母給予的頭髮。」

這就算了，他甚至還對我父母說：「是因為父母糟糕的教育方式才會變成這副德性！」

我自己被罵倒不特別在意，但是關於家人被說嘴，就讓我感到有些不悅了。

更何況是在親戚們同聚的宴席上說出這種話使我父母蒙羞，我因而對這名男子感到憤怒。

那時我說的便是這一句。

「這不是雙親給予你的重要頭髮嗎！」

然而，那名男性卻是個禿頭，頭上幾乎寸草不生。

而我，指出了這個矛盾點。

以一名紳士而言，就算對他人感到憤怒，厲聲駁斥也是不太有禮貌的。

最重要的是，倘若做出這種行為，現場的氣氛就會變糟。

那是一場親戚的聚會，難得有這種機會。
在這種況狀下，最適合的話是什麼呢？
狀況、對方的心理、在場的成員……
我在腦中充分地設想過了。
結果，我脫口說出了那句話。
比起責罵對方、引發毫無意義的吵架，**能夠瀟灑地說出一句話來制止對方，才是能幹的男人不是嗎？**
我還記得，男子因為我的那句話而陷入沉默，恐怕幾乎所有人都在笑呢。
這樣就好。
只要笑的人多，氣氛自然就會變好。
原本這種狀況是不可以笑的，然而正因為是不能笑的情形，反而才會變成極為讓人發笑的情境。
最後，全場哄堂大笑。

雖然我覺得對他做了有點壞的事，不過他也喝醉了，應該記不得吧（笑）。

無論什麼時候，都別忘了要重視幽默感。

吃飯的時候、講公事的時候、向對方表達愛意的時候。

以及，像這樣諷刺他人的時候。

要充分地活用知識與智慧，永遠都說出最合適的一句話。

只要有歡笑聲，大多事情都會順利的。

THE APHORISM OF
ROLAND
3 "LIFE"

「反抗心是我的恩人，也是我的夥伴。」

被問到有沒有一直以來支持自己的人呢？

成為男公關之後，我曾有幾度非常辛苦的經驗。

此時支持著我的，是**強烈的反抗心**。

學生時代我將所有時間奉獻給成為足球選手這個夢想，到頭來卻沒能實踐。這是我此生最悔恨、最悲慘的經驗。

此結果產生出乎意料的副產物，那便是異常強烈的反抗心。

在居於人下的痛苦時期，我遭受人們嚴厲的批判，幾乎沒有薪水，我每天都啃著便宜的麵包，在寒冷的房間內自問自答。

「我的人生就是這樣嗎？」

「我就只有這種程度嗎？」

於是，我**心中的ROLAND會如此向我吶喊**——

「我已經不想再嘗到那種悔恨的心情了！」

「雖然足球不行，但這個舞台我絕對不能輸！」

「如果男公關也失敗，我的人生不就是一直在輸嗎！」

不可思議地，我的心情就會因而轉變成明天也要繼續努力！

在夢想破滅之後，不成熟的我曾經憎恨自己持續追逐夢想浪費了十幾年。

然而，那些日子蛻變成強烈的反抗心，在不知不覺間成為我**強力的夥伴**。

成為我**邁向明天的活力**。

輸才不是什麼可恥的事情。

即使是我ROLAND，也曾夢想破滅，變成一個灰心喪志的人。

最應該感到可恥的，是將不全力以赴當成是做不到時的藉口。

不上不下的敗北，並不會帶給你任何事。

你不必去擔憂會不會成功。

我希望你可以先試著盡全力去做一件事，去碰壁。

如果成功了，那就萬萬歲。

不過，縱使夢想破滅，這個經驗也會贈予你反抗心這位最強的夥伴。

這項**珍藏的禮物，是將就生活著的人絕對無法得到的。只要有這位夥伴，下次一定會成功！**

……順帶一提，在那之後過了八年。

因為各種機緣，我從事足球相關工作的機會增加了。其中，還有個希望能播放我個人踢球畫面的工作邀約。

在這個採訪中，我決定用倒掛金鉤來射門。真不愧是我（笑）。

如果沒有過去刻苦的鍛鍊，我應該無法做出這個決定吧。

你瞧！果然沒有無謂的努力啊！

THE APHORISM OF
ROLAND
4 "LIFE"

「只要努力，總有一天
你一定會感謝大家。」

二〇一八年Last Birthday結束後的採訪。

這個世界上，不是只有喜歡著自己的人。
有人會冷淡對待我，也有人與我不合。
我曾經覺得是這些人不好。
只要活著，就會有討厭的事情、不幸的事情。

不過，我最近發現了。
一旦努力拿出最好的結果、掌握某個偉大的成功之時，神奇的是，連那種討厭的人你也會打從心底感謝！
人類還真是隨興啊（笑）。
人類似乎有個習性，在掌握成功的瞬間，都可以設法美化過去。

那時候我最討厭的老師也是。
背叛我的女性也是。
跟我價值觀不合的上司也是。
對我嚴厲的客人也是。

這些人，是否是為了這一天、為了讓我看到這般景色而存在的呢？只要這麼一想，不知怎麼地，**我就會非常喜愛他們**。

正因為有那份悔恨才能夠努力，正因為有那樣的經驗才會變強。

所以呢，如果**有時間怨恨他人，還不如先拚命努力就好**。

等你達成了某件事以後，那種負面的情感就會拋到九霄雲外了。

其實，這件事是我在二〇一八年的Last Birthday時才察覺到的。

那天打烊之後，我能夠用最好的結果來迎接我的生日。

討厭的人們、過去痛苦的經驗都是為了這一天而存在！

如果沒有經歷這些，或許我就無法體會這種舒暢的心情了！

這麼一想，**我便發自內心地感謝大家**！

我單純就是這麼想的。

自那天以後，無論遇到多麼討厭的人、經歷多麼討厭的事情，**我也知道只要我能掌握最棒的成功，我總有一天會感謝這些人和這些不幸**，也就沒有那麼在意了。

怨恨他人、悲嘆過去的人們，鐵定是不夠努力的人。

我希望你能努力，務必去體會看看能夠感謝那些人的瞬間。

THE APHORISM OF
ROLAND
5 "LIFE"

「就算ROLAND
也會有輸的時候喔！
即便是梅西，踢罰球也會踢歪的。
你當你自己是神嗎？」

對因為失誤而沮喪的後輩所說的嚴厲一語。

縱使是ROLAND啊，也不是每次每次、一切都可以做到完美無瑕的。有使勁說笑話卻沒有打中客人笑點的日子，也有不小心把客人氣回家的時候。我也並非每個月都是第一名，在這種情況下，我同樣會像大家一樣備感衝擊。

不過，就算我自己不批評或追究，其他人也會這麼做，而且還是在沒有拜託他們的狀況之下（笑）。那麼，**只要自己成為自己的同伴就好了**。

你不是已經很努力了嗎？那就下次再努力就行啦。我總是像這樣自我鼓勵，守護自己。

這是句老話了。**失誤會使人確實成長，振奮精神**。

……而我想在此說一句。

就連我ROLAND大人，也會出錯的。

弘法大師也會寫錯字、梅西踢罰球也會踢歪、猴子也會從樹上掉下來。

那麼，**你會失誤就是沒辦法之中的沒辦法**啊。

這又沒什麼大不了的！你只要大致上低落一下，並當你自己的夥伴即可。

再來，你只需像這樣在心中發誓。

下一次，我絕對要成功給你看！

THE APHORISM OF
ROLAND
6 "LIFE"

「正因為盡全力去面對過，
才可以盡全力放棄。」

回顧夢想破滅的高中時代。

我過去曾經放棄過夢想。

我憑自己的意志，放棄了持續追尋超過十年的足球選手之夢。

我絕不會忘記二〇一〇年十月十三日。

在東京都足球大賽的決勝戰，我們帝京高中敗北，我決定引退。

那時心中所湧現的情感，我直到現在還記憶猶新。

「終於結束了，我終於可以離開足球了。」

敗北的不甘心自然不必說，我甚至還湧出這種近似於安心與解放的情緒。

不可思議地，我完全沒有感到依戀。

那種神清氣爽的感受前所未有，就只有在那天湧現。

我竟然會對於曾是我生存價值的事產生這種情感，我記得當時我的內心感到相當衝擊。

然而，無論我再怎麼捫心自問，我都真心這麼認為。

現在想想，這是因為我已經盡全力比賽、盡全力面對，付出了我所能想像到的最大努力，才會產生這樣的情緒吧。

說到足球，其實我並不是那麼有才能的選手啊。

那大概是我國中時期的事了吧。
我曾經在近距離下看過如今已經成為日本代表的同齡選手踢球，當下我就深切感受到實力的差距。

因此，我每天都會在沒人看到的地方練習足球。在大家快樂地約會時、大家跟朋友玩樂時，我每天每天，都為了實現夢想而努力練習。
這麼想來，我幾乎都沒有普通學生會體驗到的經歷。
文化祭之類的學校例行公事。
在公園無所事事地聊天。
我也沒有跟同學們玩點惡作劇。
只是一個勁兒地追著球。
我把所有的時間都花費在夢想上。

正因為我是如此真摯且認真面對夢想，才會產生懊悔、不甘以及安心、解脫感吧。
倘若這樣還無法成為職業球員，無論再發生什麼事，也絕對不可能成功的。

如果我是用馬虎的心態面對夢想呢？
如果我抱持著隨興的態度努力呢？
想必我會一邊想著「我要是拿出真本事馬上就會……」這種遜到爆的事，不上不下地追逐著說不上是夢想的夢想吧。

我的夢想沒有實現。
然而，我所經歷的那十幾年，教導了我**對夢想或目標全力以赴的重要性**。

THE APHORISM OF
ROLAND
7 "LIFE"

「看不見未來的人生很可怕？我倒覺得能夠看見未來的人生恐怖多了！」

被說大學休學去當男公關看不到未來時，ROLAND所回答的話語。

我在入學之後，馬上就從大學休學了。

在入學典禮上，我環顧著四周。

這些傢伙為什麼會在這裡呢？

是為了隨興享受校園生活嗎？

是為了「大學畢業」的頭銜嗎？

我異常冷靜地思考著。

接著，入學的招呼聲聽起來就像是遠方的噪音一般，我在腦中看到了未來的自己。只是一味地聽著沒有興趣的課，跟大家一樣就職，為了生活而從事著並非特別想做的工作。

我身旁有一位我妥協後才選擇的妻子，略為肥胖，在充滿生活感的普通家庭中一面喝著罐裝啤酒，一面看著電視。

車子是貸款後所買的國產大眾車。我將裝滿特價品的購物袋放在副駕駛座上，開車回家。停紅燈時，我忽然從車子往旁一看，隔壁同樣在等紅燈的是一台閃亮的賓士車，我一臉羨慕地看著那台車。

我看到了這樣的人生。

在入學典禮當天，**我就看到我人生的未來**。

那個瞬間所湧現出來的強烈恐懼感，我至今仍無法忘懷。

「什麼？這就是我的人生？」

我那僅只一次，屬於珍藏至寶的人生，就只是這樣嗎？

我如是想著。

「這裡不是我的棲身之所。」

在那個剎那，我如此確信。

在那之後，我的行動非常快速。

我馬上寫了大學的退學申請，並向學校提交。

「我要成為歌舞伎町第一的男公關！」

在退學申請書上，我只寫了這句話。

當然，大學的人都來阻止我。

他們說了，即使做那種工作，人生也看不到未來啦、大學畢業後認真工作最好啦等等。

然而對我而言，最恐怖的是看到人生的未來。

看不到未來的人生才好啊！

不知道會發生什麼事才是人生，靠自己的力量能夠爬到無窮盡的高處，這樣不是很美好嗎？

如此想著的我，來到了歌舞伎町。

直至今日，我也沒有看見我人生的未來。

你問我為什麼？

那是因為太過耀眼了啊！

ROLAND
華麗的
ROLAND
THE
BEAUTIFUL
WORDS OF
WISDOM
名言集

ROLAND
1
THE BEAUTIFUL WORDS OF WISDOM

「為了能夠隨時照到鏡子。
你瞧，我實在是太耀眼了。」

被問到為何時常戴墨鏡時。

ROLAND
2
THE BEAUTIFUL
WORDS
OF WISDOM

「ROLAND會低下頭，只有在出門工作前穿鞋子的時候。」

被問到 ROLAND 是否也會沮喪時的回答。

ROLAND
3

THE BEAUTIFUL
WORDS
OF WISDOM

「無論現在、過去還是未來，
我都已經讓大眾認定
我是史上最棒的男公關。」

二〇一八年在生日活動上引退時，ROLAND於最後致詞中所說的話。

ROLAND
4

THE BEAUTIFUL
WORDS
OF WISDOM

「大海嗎？抱歉，我的確不知道，不過對方鐵定知道我的！」

對於說出「『井底之蛙不知道大海的寬廣』完全就是在形容你」的訪談者，ROLAND以此回應。

ROLAND
5

THE BEAUTIFUL
WORDS
OF WISDOM

「歷史不是拿來讀的，而是創造出來的。」

學生時期被世界史老師指責上課態度惡劣時所說的話。本人笑著說，連自己都覺得過去的他是名難搞的學生。

ROLAND
6
THE BEAUTIFUL
WORDS
OF WISDOM

「上天不會賦予人類兩種天賦鐵定是騙人的。我得到的太多了，正困擾著呢，你知道退貨處在哪裡嗎？」

ROLAND被稱讚談吐與容貌都很優秀時的回答。我想這也是ROLAND式的害羞吧。

ROLAND
7

THE BEAUTIFUL WORDS OF WISDOM

「我的身旁就是ＩＧ熱點。
所以我才不在乎場所。」

被問到對於最近年輕人過於在意ＩＧ熱點這件事有什麼想法。

ROLAND
8
THE BEAUTIFUL
WORDS
OF WISDOM

「唯有人生，是只能往前看的。」

在指導後輩開車時說了「要用後照鏡確實確認後方的情況」之後，ROLAND接著講了這句話。可看出ROLAND的積極性。

ROLAND
9
THE BEAUTIFUL WORDS OF WISDOM

「我不是為了成為男公關而生，
而是整個男公關業界都是
為了讓我在此工作而誕生的。」

被指名客人說「ROLAND先生彷彿是為了做男公關而生的人！」時。

ROLAND
10
THE BEAUTIFUL WORDS OF WISDOM

「要是去凡爾賽宮，我真擔心別人不覺得我是來觀光，而是來看房子的呢。」

去法國觀光時。

ROLAND
11
THE BEAUTIFUL
WORDS
OF WISDOM

「抱歉。我啊，可是帥氣懇求著要我去耍它的呢。」

在新人時期，ROLAND被某位前輩說「你這傢伙不要耍帥啊」時的回答。ROLAND還說正在被帥氣跟蹤著。

ROLAND
12
THE BEAUTIFUL WORDS OF WISDOM

「因為，我想靠自己的力量守護自己重要的事物啊。」

被問到iPhone不裝手機殼這個原則時。
順帶一提，由於實在太常摔破螢幕，現在會用手機殼了。

ROLAND
13
THE BEAUTIFUL WORDS OF WISDOM

「如果男公關可以靠臉賣錢，我現在已經賺八十億左右了吧。男公關業界可不是那麼天真的世界。」

被問到男公關是否只要長得帥就會受歡迎時。

ROLAND
14
THE BEAUTIFUL WORDS OF WISDOM

「演出費就算妳免費吧。」

在粉絲說出「你出現在我夢裡了！」之後，ROLAND所說的話。
他還接著說：「相對的，要是我出現在妳夢裡，就讓我當主演啦。」

ROLAND
15
THE BEAUTIFUL
WORDS
OF WISDOM

「這樣啊？
我想這就和在助產院裡尋找處女
差不多困難呢。請努力加油哦。」

被之前所屬店舖的新經營者宣告開除，對方說了「歌舞伎町還有很多比你優秀的男公關」時。
ROLAND便以此為契機決定轉會。

ROLAND
16
THE BEAUTIFUL WORDS OF WISDOM

「有啊，但我想對方要說的是『沒辦法善用』吧？這麼一想，我便不在意了。」

被某位新進員工問到「ROLAND先生也曾被說過是沒用的後輩嗎？」之時。這就是想法的轉變！

ROLAND
17
THE BEAUTIFUL WORDS OF WISDOM

「你叫我『尋找威力』？你要說的應該是『請協助我調查』才對吧。」

不知道究竟是認真的還是開玩笑……是能夠一窺ROLAND自尊心之高的一句話。

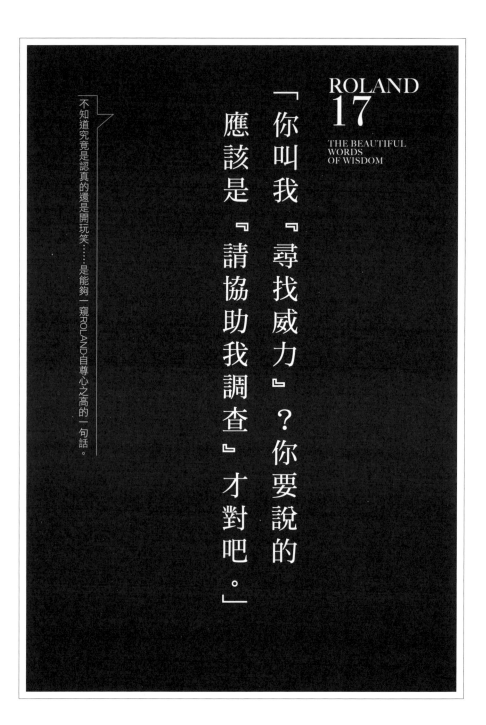

ROLAND
18
THE BEAUTIFUL
WORDS
OF WISDOM

「我已經在名為沙發的瞭望台上，看了數不清有多少人的人生了呢。」

遇到許久不見的恩師，在老師說了「成為男公關之後，你這不是變得成熟許多了嗎？」之時，ROLAND所說的話。

ROLAND
19

THE BEAUTIFUL
WORDS
OF WISDOM

「我所知道的你，並非像骨折時所用的枴杖。你不是那種對方寂寞時就隨便怎樣都好的男人吧？拐杖這種東西，傷好了以後就會被當垃圾的喔！」

高中時期的朋友煩惱著被中意的女性當作備胎時，ROLAND所說的話。
據說ROLAND到現在和學生時代的朋友依然很親密，順帶一提，說這句話的場景是在一間普通的居酒屋之類的。

ROLAND
20
THE BEAUTIFUL WORDS OF WISDOM

「『一雙好鞋會帶你走向美好的地方』，這是把事情交給他人。我會『自己帶著好鞋走向美好的地方』。」

在貼身採訪中提到了關於鞋子的知名諺語。ROLAND相當珍惜鞋子一事也是廣為人知的。

Q&A to learn more about ROLAND

為了更深入了解 ROLAND 的 Q&A

ROLAND 的日常

01 一天的時間安排是怎樣的呢？

為了確認自己的狀況，每天早上起床後我會站在鏡子前面三十分鐘，接著吃頓簡單的飯菜，一邊聽音樂一邊做伸展操。再來，我一定會做體能訓練一小時。在淋浴之後，我會看書，接著才開始工作。

02 休假會做什麼呢？

工作空檔的短暫休息時間會欣賞電影或兜風。有長假時基本上我都會去旅行，接觸美麗的大自然、建築物或娛樂會對工作有益，更重要的是，只要活著，這就會滋潤你的人生。

03 先前的假期你做了什麼呢？

我剛好想要新車，所以就去買車了。因為想換新平時用車，我買了

奧斯頓・馬丁DB11喔。

04 有沒有什麼珍藏的生活方式？

在深夜兜風。只要大腦放空就會出現新的點子，世人所說的「名言」，大多都是我在兜風時想到的。這算是我的小祕密。

05 出門會帶什麼東西？

錢包、iPhone、鑰匙。我只會帶必要的東西，我的隨身物品本來就很少，因為帶很多東西行動並不優雅呢。

06 必備品是什麼呢？

身為男人的榮耀，

有沒有尊嚴便是動物與人類的不同之處。

07 重要的原則是什麼？

不要輸給昨天的自己。
不對自己說謊。

關於ROLAND

08 能夠做真實自己的場所是？

應該是職場吧。在男公關俱樂現場待客的瞬間，我可以做最閃耀動人的自己。我是因為現在從事各種不同的工作才這麼想的，我想男公關這份工作大概是我的天職吧。

09 你在做什麼的時候最感到幸福呢？

體會到自己使眾人狂熱時，接觸到美麗事物（藝術、美食、音樂等）時，遇到專業人士時，還有與美好的女性邂逅時。

10 有感受到小確幸的瞬間嗎？

忽然看了一下電子錶，發現顯示的數字剛好跟我的生日一樣時。很意外地，我也會因為這種事情感到幸福。

11 精神飽滿的來源是什麼？

那當然是各位ROLAND粉啦。有願意為我打氣、期待我的人，對我而言真的是很大的支持。

12 最擅長的事情是什麼？

足球

我有自信，即便是現在，我也能夠順利做完與專業人士同樣水準的訓練。

13 人生最大的失敗是什麼？

因為惰性而決定念大學。我的人生中，沒有一件事情是順水推舟而決定的。這個失敗，使我深切感受到既然是個男人，就應該自己煩惱，並往自己決定好的道路前進。

14 是否曾感到自己是「弱小的人類」？

正因為如此，我才會每天努力不懈。人只要往上爬，就會遇到許多讓我深感自己其實還很弱小的困難事物以及很強大的人們。不過這樣的邂逅，會使自己變得堅強。

15 ROLAND所認為的男子氣概是什麼呢？

對工作抱持真摯的心與責任感吧，還有就算很辛苦也能持續努力。很多人在狀況好的時候都可以努力不懈，但是在痛苦的時候，自己要怎麼努力呢？正因為是感受到辛苦的時期，才能看見男人真正的姿態。

16 影響你最深的書籍是？

《人性的弱點：卡內基教你贏得友誼並影響他人》。我從事待人接物的工作，書中有很多我應該學習的內容。

17 視覺、聽覺、觸覺、味覺、嗅覺，最重要的是哪一個呢？

視覺

看到美麗事物的時候，是最幸福的。

18 除了自己以外，還有什麼美麗的事物呢？

音樂、建築物、運動時讓人感動的瞬間等等，數也數不清。雖然無法用肉眼看見，不過無償的愛也是很美麗的。

19 誰比任何人還要了解ROLAND呢？

狂熱粉絲（笑）。他們會去調查連我自己都不知道的自己，如果我想要了解自己，就會去問這些人哦。譬如「咦？我第二喜歡的食物是什麼來著？」等等。

26 最近最慌張的事情是什麼？

太陽眼鏡

不見了。太陽眼鏡對我來說就像是臉一樣的東西，太陽眼鏡弄丟了，感覺就跟失去半邊臉一樣。

27 現在最興奮期待的事情是什麼？

員工們的成長。看到員工變得日漸可靠，實在讓人相當欣慰。我想要時而當他們的老師、時而為父母、時而為社長，往後也繼續使他們成長。

28 最近被人說過的話之中，最開心的是什麼？

經營者對我說打從心裡支持ROLAND獨立開業。在這個禁止獨立的男公關業界願意如此爽快地送我離開，我想向經營者致上最高的感謝。

ROLAND與女性們

29 對ROLAND而言，女性是什麼樣的存在？

美麗的花朵。我不會想要讓美麗花朵說些有趣的事，或是讓她們唱歌。光只是在我身邊，就十分幸福了吧？女性就是這樣的存在。

30 生活中不可或缺的東西是什麼？

（美好的）女性

要說我是為了與美好女性相遇而生的也不為過。美好的女性們，是ROLAND活下去的最大動力。

20 長久以來一直想做卻還沒實現的事情是什麼？

環遊世界

不過我一定會實現的，我決定要做的事情，就必定會完成。

最近的ROLAND

21 用手機最後拍的照片是什麼？

工作的筆記。無論是什麼，我都會用手機拍起來作為筆記。現在這個時代已經很方便了呢（笑）。

22 最後一次哭是什麼情況？

2018年俄羅斯世足賽大戰比利時

我本以為會贏，看到阿源（日本代表DF昌子源選手）捶地的樣子，我痛哭流涕。

23 最近最好笑的事情是什麼？

在同學會上回想往事。為何無論到了幾歲，學生時代做的蠢事還是那麼有趣呢！

24 最近使你怦然心動的事情是什麼？

妹妹久違地打了電話給我！

25 最近搞砸的事情是什麼？

與演員綾野剛先生在彩虹樂團hyde先生的生日會上不小心喝多了。那天我大概喝了五十杯龍舌蘭（笑）。

37 雙胞胎是什麼感覺？

因為是異卵的，比起雙胞胎，在成長過程中感覺更像是有個普通的妹妹。不過我們的感性與價值觀驚人地相似，就會覺得果然還是雙胞胎啊。

38 家人中感情特別好的是誰？

大家感情都很好。

39 對ROLAND來說家人是什麼？

安心的場所，最為重要的存在。

如果 ROLAND……

40 如果要取平成之後的下個年號，你會取什麼？

露蘭

41 如果未來結婚生小孩的話，會取什麼名字？

愛麗絲

我以前就很喜歡《給愛麗絲》這首曲子，如果生女孩就想取這個名字。雖然問題在於，在這之前能不能讓我遇到想要結婚的女性啊！如果要我妥協，我還不如一直單身。

42 如果要比喻的話，自己是什麼動物？

阿富汗獵犬

我希望你們能夠看一下，真的跟我一模一樣。

31 ROLAND認為的「好女人」是？

美麗又有品味的女性，以及有尊嚴的女性。

ROLAND 與家人

32 如果只能再活一天，你會去哪裡見誰？

回到家人身邊，見我的家人。

33 家人之中誰對ROLAND的影響最大？

父親

34 如果從父母的角度來看，ROLAND是怎樣的孩子？

這看就知道了，鐵定是超級可愛，可愛到受不了的孩子吧！對吧！

35 小時候印象最深刻的記憶是？

聽父親彈吉他，然後每天都踢足球到天黑為止。

36 小時候最喜歡玩的遊戲是？

足球自然不必說了，而我從以前就很喜歡照鏡子，經常在鏡子前面耍帥。

49 如果不考慮金錢，你想做什麼，過怎樣的生活？

我已經不太想這種事情了。我不考慮得失，而是只做自己會感受到熱情的事。我討厭為了金錢而欺騙自己的人生。

50 如果你成為總理大臣的話會做什麼事情？

讓ROLAND粉
免除消費稅（笑）

51 如果你自己當採訪者，你想向誰問些什麼？

經紀人。我總是在折騰他，想問他真的有好好地喜歡我嗎？（笑）

52 如果你有「任意門」，會想去哪裡？

巴黎

不管去了幾次，我依舊覺得那浪漫的街景和優雅的空氣相當新鮮。我每年必定會去巴黎一次，那是世界上最美麗的城市。

53 如果可以時空跳躍，你想去過去還是未來？

過去

因為我喜歡古樸的經典好物，想時空跳躍到60年代，活在經典復古的物品當中。

54 如果可以復活一位已故的音樂家或演員，你想復活誰？

李斯特（Franz Liszt）。首度創造出魅人琴聲的概念，那充滿自我陶醉感的演奏，我真想親耳聽一遍。

43 如果時光倒流，你想要回到幾歲或是哪一個瞬間？

18歲

我剛成為男公關時。如果當時的我可以像現在一樣成熟，就能夠讓客人更開心了。不過基本上，我現在就是最開心的時期了。

44 如果可以的話，想要更稍微深入學習什麼事情呢？

語言

看到妹妹會說4國語言，我打從心底羨慕她。

45 如果你有很多時間，想學什麼事情？

攝影

如果能夠將美麗的事物拍得很動人，感覺會非常快樂。

46 如果可以活在書、偶像劇、電影的世界，你想活在哪一部作品的世界中？

我想活在男人永遠的聖經──電影《007》中，成為詹姆士・龐德。

47 如果自己當主角，演哪部作品比較好？

電影《007》是唯一選擇

48 如果能成為電影導演，你想創作什麼樣的作品？

動作電影。因為我沒有戀愛經驗，如果導了浪漫愛情電影，我想會過度美化愛情，成為一部非常脫離世俗的作品吧（笑）。

60 現在如果有可以跟誰對談的企劃，你想跟誰對談？

自己

如果可以自己訪問自己，就能夠更加讓大眾知道自己的魅力！（笑）

61 人生最棒的成功體驗是什麼？

我出生的這件事情，就是成功的瞬間了。不過硬要説的話，我想在大學入學後就迅速休學才是我人生中最有意義的決定，也是成功體驗。

62 人生最後想説的話是什麼？

「就算要投胎轉世，我也想投胎成自己。」

63 死後想要如何被世人評論你？

想要被評論為「找不到能夠定義ROLAND的詞彙，ROLAND是獨一無二的」。

64 如果可以投胎變成別人的話，你想變成誰？

自己

。絕對是自己好。

65 如果可以改變，你有想要改變的個人缺點或弱點嗎？

我認為包含了缺點與弱點才是我自己的魅力，所以我不想改變。我愛著、喜歡著真實的我。雖然完美主義的部分偶爾也會讓我很疲憊啦。

55 如果最多只能帶三樣東西去無人島，你會帶什麼？

鏡子、晚宴服、足球。

我只要看著鏡子就會忘卻時間，晚宴服充滿了男人的浪漫，而有了足球和健康的身體，生活總會有辦法度過的！（笑）

56 如果投胎成不是人類的生物，你想當什麼？

水母

每天都優雅地游泳度日，不知道是什麼樣的心情呢？

果然還是喜歡 ROLAND

57 對現在的ROLAND有偌大影響的人是誰？

我沒有特別受到誰強烈的影響。我打從出生後就已經是這樣的自己，從沒有強烈憧憬過誰或是以誰為目標。

58 至今為止見過的人之中，最讓你緊張的是誰？

基本上我遇到別人時，都是不太緊張的那一方。

59 如果要從書本、偶像劇、電影中選一個跟自己相似的角色，你會選誰？

雖然不太能説是角色，不過我時常覺得自己的人生有如漫畫的男主角。最後的最後一定會獲勝，這種戲劇性的逆轉勝或積極的要素我幾乎都有。我想我一定是在這樣的星辰下誕生的。

後記

這本書的發售日期為三月十一日，應該是日本人一生都無法忘記的日子吧。

東日本大震災。

許多難以忍受的苦難向日本襲來。

八年前，還記得當時高三的我，只能無力地看著我的國家逐漸崩毀。

日本活在悲傷中的那一年，我與男公關這份工作相遇了。

當時我光是過日子就已經竭盡全力，每天腦中只想著如何賺更多錢。

我所說的話主詞都是「自己」，自己的事情，還有金錢。

我根本無法考慮到他人的幸福。

在開始拿出成果之後，這份心情才產生了變化。

雖然居於人下的時間很長，不過我也逐漸有了成果。

隨之而來的是，人們對我這麼說的機會也增加了。

「遇到你之後，我才能更加努力。」

「你為我帶來了活力。」

「因為有你在，才有現在的我。」

這些話對我來說就與得到豐厚的收入相同，不，有時甚至使我感到更多的喜悅。

那個瞬間，我了解到能夠使人幸福有多麼美好。

我已經表明，這本書所得到的收益會全額捐贈。

首先，其中一半會用做於培育柬埔寨的孩童。

為何是柬埔寨呢？可能會有人感到疑惑吧。

原因在於，過去我曾因為工作而前往柬埔寨。

我不小心與工作人員走散了，剛好iPhone又沒電，計程車也不停，在陌生的國家束手無策。

此時，某個親切的柬埔寨人借了我行動電源！

給素昧謀生的我！對方說了，在困難的時候要互相幫助。

這雖然是件小事，不過我現在依舊記得當時的感謝之情。

如果那時手機沒有充到電，就無法跟工作人員會合，可能時至今日，我還在柬埔寨的街頭流浪。

柬埔寨，如此溫暖的國家。

一問之下我才知道，很悲慘地，許多農村的貧窮小孩從出生時，就已經被決定好未來了。

那是灰暗的未來……

這些小孩打從一開始，就沒有對未來的選擇權。

他們無法去學校，不能做自己想做的事情，只能一味地身為勞動力活下去，一直貧窮到死去。

想要當機師、想要當足球選手，這種任何小男孩都會描繪出的夢想，打從出生那一刻起就注定不會實現……

我聽聞了這樣的現狀。

如果是自己不夠努力才沒能實現夢想，那也無可奈何。

然而，倘若是由非自身努力的因素來決定夢想能否實現，那實在是很可悲的一件事。

因為，我們無法選擇出生的地方與環境。

我想要給予這樣的柬埔寨孩童們選擇與機會。

我想用這種心情，來報答那時候的親切。

我並沒有成熟到對陌生且毫無留戀的地方抱持慈悲心。

相反地，正因為有所留戀，才能真心努力。

所以，地點才會是柬埔寨。如果有困難，就互相幫助。

在三月十一日發售的這本書。

剩下的一半，我想捐贈給心愛的我的國家，成為復原之力。

此外，我也想藉由這本書，一併將邁向明天的動力與活下去的勇氣作為禮物送給大家。

要成就美好的人生，還是半途而廢的人生？
這話雖然說得有些嚴厲，不過最後，還是要看自己的努力。
周遭人們可能會伸手相助，但是沒有人能夠取代你，替你走完你的人生。
即使再怎麼討厭，也只能用自己的雙腳走過自己的人生。
以受災地為首，我希望這本書能夠多少成為日本人的助力。我是抱持這個心願撰寫本書的。

如果你感到痛苦、悲傷，我希望你隨時都來閱讀這本書。
ROLAND永遠都是各位的夥伴。
無論是藉由電視還是YouTube都好。
ROLAND那傢伙今天也很努力，所以我也要努力看看！
倘若你能夠這麼想，身為ROLAND，沒有比這還要更幸福的事情了。
我天生就是個大善人——醜話先說在前頭，我絕對稱不上是這種人。
正如我先前所述，在我沒有餘裕時，我從沒想過要幫助他人。

我也說了數不盡的謊言。
我犯過許多錯，給人添了很多麻煩。
我也跟大家一樣，會有低俗或是狡猾的想法。

說實話，當出版的計畫找上我時，我還曾想過是否要用版稅買新的車呢。
不過我本來就不是個物質欲望很強烈的人，很重要的事物只要有一個就滿足了。
我已經擁有最喜愛的車、西裝、手錶、鞋子。
此外，我的家人與朋友也都很富足。
我這不是已經得到非常充分的幸福了嗎？
這麼一想，我就決定好這次執筆不是為了自己，要為了眾人而努力！
我想試著用自己的力量，讓世界變得更明亮！
我想將幸福分給大家！
我想向自己證明，八年前那個無力到無法言喻的自己，現在已經成長了。
我單純地這麼想。

於是，我便自然而然地振筆疾書，人類還真是不可思議。
意外的是，比起為了自己努力，為了他人努力時，工作會更加順利。
我再次感受到，人類想為了他人做些什麼時的那股力量。
因此，這本書是多虧了大家才完成的。
真的非常感謝。

最後，是提供我各種協助的本書相關人士。
我太過堅持，想必給各位添了很多麻煩吧？
不過，正因為我們彼此互訴真心，才能完成這本彼此都能接受的作品。
真的非常感謝。

此外，還有支持我的所有工作人員們。
最重要的是我的家人與朋友。我想對各位表達感謝，正因為有你們在，才會有我ROLAND。
不過反過來說，也正因為有我ROLAND存在，才有你們啦（笑）。

總之，玩笑就開到這裡……

真的非常感謝！

最後，我要再次感謝閱讀這本書的各位，謝謝你們！

我期待有一天能夠再與各位見面！

二〇一九年二月

ROLAND

※文中所提為日文版出版狀況。

ROLAND

1992年7月27日出生於東京，血型AB型，身高182公分。為男公關、時尚模特兒、藝人以及企業家。被稱為現代男公關界的帝王，隸屬於SCHWARZ股份公司。擔任ROLANDALE股份公司社長兼SCHWARZ股份公司、ROLAND ENTERPRISE股份公司的代表取締役社長。高中畢業後進入大學，卻迅速地決定退學，2011年4月，以18歲的年紀開始當男公關。2013年，於21歲時以史上最高額的轉會費轉會到KG-PRODUCE，蔚為話題。2017年，於25歲時擔任該集團的取締役。2018年7月，在生日派對活動上創下超過6000萬日圓的業績紀錄，成為該集團有史以來業績最高的紀錄保持人，同年年底從現役男公關引退。2019年1月，宣布獨立創業，除了擔任男公關俱樂部「THE CLUB」的經營者以外，同時也是美容產品企畫與服裝業、男性美容沙龍「ROLAND Beauty Lounge」的經營者，並以企業家的身分活躍中，經常在媒體上出現。本書為第一本著作。

本書日文版支付給作者的版稅會全額捐贈，用來培育柬埔寨的孩童，並協助東日本大震災等日本各地重建活動。

OFFICIAL WEB SITE: http://roland-official.com/
Twitter: @roland_0fficial
Instagram: roland_0fficial

オーラの消し方
知らない？

ROLAND♡

＊要如何消掉氣場呢？

ROLAND 我，和我以外的。
原著名　俺か、俺以外か。ローランドという生き方

作　　者・ROLAND
攝　　影・428.kei/muse design&edit
譯　　者・郭子菱

2020 年 1 月 21 日　初版第 1 刷發行

發 行 人・岩崎剛人
總 經 理・楊淑媄
資深總監・許嘉鴻
總 編 輯・呂慧君
編　　輯・林毓珊
美術設計・李曼庭
印　　務・李明修（主任）、張加恩（主任）、張凱棋

台灣角川

發 行 所・台灣角川股份有限公司
地　　址・105 台北市光復北路 11 巷 44 號 5 樓
電　　話・（02）2747-2433
傳　　真・（02）2747-2558
網　　址・http://www.kadokawa.com.tw
劃撥帳戶・台灣角川股份有限公司
劃撥帳號・19487412
法律顧問・有澤法律事務所
製　　版・尚騰印刷事業有限公司
I S B N・978-957-743-520-0

國家圖書館出版品預行編目資料

ROLAND 我，和我以外的。 / ROLAND 作；郭子菱譯. -- 初版. -- 臺北市：臺灣角川, 2020.01
面；　公分. --（夢想拼盤）
譯自：俺か、俺以外か。：ローランドという生き方
ISBN 978-957-743-520-0(平裝)

1. 羅蘭 2. 傳記

783.18　　108020602